Scoprire i Giochi Gratuiti Online

Disponibile Qui:

BestActivityBooks.com/FREEGAMES

5 CONSIGLI PER INIZIARE

1) COME RISOLVERE LE PAROLE INTRECCIATTE

I puzzle hanno un formato classico:

- Le parole sono nascoste senza spazi o trattini,...
- Orientamento: Le parole possono essere scritte in avanti, indietro, verso l'alto, verso il basso o in diagonale (possono essere invertite).
- Le parole possono sovrapporsi o intersecarsi.

2) APPRENDIMENTO ATTIVO

Accanto ad ogni parola c'è uno spazio per scrivere la traduzione. Per incoraggiare l'apprendimento attivo, un **DIZIONARIO** alla fine di questa edizione vi permetterà di controllare e ampliare le vostre conoscenze. Cerca e scrivi le traduzioni, trovale nel puzzle e aggiungile al tuo vocabolario!

3) SEGNARE LE PAROLE

Puoi inventare il tuo sistema di segni. Forse ne usi già uno? Per esempio, puoi segnare le parole difficili da trovare con una croce, le parole preferite con una stella, le parole nuove con un triangolo, le parole rare con un diamante, e così via.

4) STRUTTURARE L'APPRENDIMENTO

Questa edizione offre un **TACCUINO** alla fine del libro. In vacanza, in viaggio o a casa, puoi organizzare facilmente le tue nuove conoscenze senza bisogno di un secondo quaderno!

5) AVETE FINITO TUTTE LE GRIGLIE?

Nelle ultime pagine di questo libro, nella sezione della **SFIDA FINALE**, troverete un gioco gratuito!

Facile e veloce! Dai un'occhiata alla nostra collezione di libri di attività per il tuo prossimo momento di divertimento e **apprendimento,** a portata di clic!

Trova la tua prossima sfida su:

BestActivityBooks.com/MioProssimoLibro

Ai vostri posti, pronti...Via!

Sapevi che ci sono circa 7.000 lingue diverse nel mondo? Le parole sono preziose.

Amiamo le lingue e abbiamo lavorato duramente per creare libri di altissima qualità. I nostri ingredienti?

Una selezione di argomenti adatti all'apprendimento, tre buone porzioni di intrattenimento, una cucchiaiata di parole difficili e una spolverata di parole rare. Li serviamo con amore e entusiasmo in modo che tu possa risolvere i migliori giochi di parole e divertirti imparando!

La vostra opinione è essenziale. Puoi partecipare attivamente al successo di questo libro lasciandoci un commento. Ci piacerebbe sapere cosa ti è piaciuto di più di questa edizione.

Ecco un link veloce alla pagina dell'ordine:

BestBooksActivity.com/Recensione50

Grazie per il vostro aiuto e buon divertimento!

Tutta la squadra

1 - Salute e Benessere #2

```
I D G E P E S A X T Q U G Ç F R
E N E I G I H Q E S C H S A B Y
Z M F S H E L B A D U L A S V F
M N E E H X W A A F Q V I F A H
J A T G C I F G J B A Y M U G V
R U L T Z C D W Y S A R O T T L
L H K A Q B I R G E N È T I C A
A E D S L U D Ó A W I V A T X T
C W Y S K T U O I T M E N E F I
Q N A A T E I D G N A S A P W P
M N N M V A H A R E T C Q A Ç S
N U T R I C I Ó E C I L I A O O
N G N M H G N U N O V I B Ó E H
D I G E S T I Ó E S U W C M H A
E U J Y H N C A L O R I E S U C
B A L · L È R G I A X F Ç E A O
```

AL·LÈRGIA
ANATOMIA
APETIT
CALORIES
COS
DIETA
DIGESTIÓ
DESHIDRATACIÓ
ENERGIA
GENÈTICA

HIGIENE
INFECCIÓ
MALALTIA
MASSATGE
NUTRICIÓ
HOSPITAL
PES
SANG
SALUDABLE
VITAMINA

2 - Aggettivi #2

```
E R E S P O N S A B L E V U F M
F L O R G U L L Ó S Ç K Y R O G
D A E S A L U D A B L E Q B R N
O N M G D E S C R I P T I U T S
L O Q Ó A T T I U T A E R C P
Ç R L Z S N O L P J U L J O Z O
A M K K A A T R N K F A K G R I
L A I L K S M V Q S A S Z J X D
L L Q Ç C S O P G Ç M N I O E R
T K K B I E N R V L O Z F F I A
W U T O T R G O U I L W C E B M
I R H C N E D N A P E J V C O À
W F Z R È T N R Ç K N F X X H T
I F G U T N R B E A C O L E Y I
O T Z O U I T C U D O R P U L C
D Q X N A T U R A L S E C J D O
```

FAMOLENC
SEC
AUTÈNTIC
CREATIU
DESCRIPTIU
DOLÇ
DRAMÀTIC
ELEGANT
FAMÓS
FORT

INTERESSANT
NATURAL
NORMAL
NOU
ORGULLÓS
PRODUCTIU
PUR
RESPONSABLE
SALAT
SALUDABLE

3 - Ingegneria

```
J  J  Ç  G  E  K  A  V  C  K  X  K  L  F  L  D
L  Z  X  F  O  W  Ó  Q  Ó  B  C  R  D  A  Í  I
E  E  S  T  A  B  I  L  I  T  A  T  B  M  Q  S
C  N  B  K  W  J  C  O  S  N  M  C  K  A  U  T
Y  O  G  B  B  Ç  A  H  L  M  O  T  O  R  I  R
D  M  N  R  T  M  T  V  U  Y  A  R  X  G  D  I
I  E  J  S  A  X  O  M  P  Q  R  X  Z  A  M  B
À  S  K  R  T  N  R  C  O  B  P  X  Z  I  À  U
M  U  D  B  I  R  A  Ç  R  O  F  C  V  D  Q  C
E  R  I  J  D  E  U  T  P  R  F  S  Q  O  U  I
T  A  È  S  N  P  T  C  G  E  L  G  N  A  I  Ó
R  M  S  L  U  C  L  À  C  E  I  F  F  Ç  N  O
E  E  E  C  F  A  Y  Y  F  I  S  X  U  V  A  I
Z  N  L  R  O  P  X  Z  B  M  Ó  F  F  E  I  W
R  T  Ç  W  R  E  N  E  R  G  I  A  K  T  Z  Ç
R  V  D  I  P  E  S  T  R  U  C  T  U  R  A  V
```

ANGLE	ENGRANATGES
EIX	LÍQUID
CÀLCUL	MÀQUINA
CONSTRUCCIÓ	MESURAMENT
DIAGRAMA	MOTOR
DIÀMETRE	PROFUNDITAT
DIÈSEL	PROPULSIÓ
DISTRIBUCIÓ	ROTACIÓ
ENERGIA	ESTABILITAT
FORÇA	ESTRUCTURA

4 - Archeologia

```
D C T E V O Y W I E O X W V K Z
R E V R W S U O N K X W W B O P
O N S A Z S H F X X X P I U Q E
D J Ç C B O A I U Q Í L E R P U
A Ç M S O S Z Q B C I V Q R A I
G S P E T N E D N E C S E D T T
I B G T Y G E A N À L I S I A F
T K H C B Z Y G A I E R Y W N Ò
S O T E M P L E U G D E N S T S
E K M J N C R R I T L T Y E I S
V S S B O B L I D A T S P F G I
N S J O A O P E D E J I R P U L
I C E R À M I C A Q G M Z Ç I I
C I V I L I T Z A C I Ó V I T H
V F U L W P R O F E S S O R A C
T Y F Q A V A L U A C I Ó A T B
```

ANÀLISI
ANTIGUITAT
CERÀMICA
CIVILITZACIÓ
OBLIDAT
DESCENDENT
ERA
EXPERT
FÒSSIL
MISTERI

OBJECTES
OSSOS
PROFESSOR
RELÍQUIA
INVESTIGADOR
DESCONEGUT
EQUIP
TEMPLE
TOMBA
AVALUACIÓ

5 - Salute e Benessere #1

```
C V K W P D H F L S D E Y K M H
S Q D U O T D N C U H D H D E O
F D Z Y S I V R E N V X C E D R
C H N G T N E M A T C A R T I M
W L N Ç U N H B X R W B Q I C O
F N Í V R B G A J B U L T B I N
M E G N A E I C M W F T T À N E
V E Ç J I S X T Ú Z R O L H A S
O L T G U C Q E S F A K L A I U
A P C G H I A R C A C C E Z P R
L S R D E Ç M I U R T J P N À I
L K A C T I U S L M U K H G R V
O I V I O F A M S À R Q K M E X
R E F L E X Ç I O C A F L L T H
R E L A X A C I Ó I G B M T I O
U P K Q B G G T O A E Z L R Y C
```

HÀBIT
ALTURA
ACTIU
BACTERIS
CLÍNICA
FAM
FARMÀCIA
FRACTURA
MEDICINA
METGE

MÚSCULS
NERVIS
HORMONES
PELL
POSTURA
REFLEX
RELAXACIÓ
TERÀPIA
TRACTAMENT
VIRUS

6 - Aggettivi #1

```
Q O A E N O R M E O M U Y X L R
L J B M O D E R N K S Ç E X M W
U C S Ó U L A V P P X O Q Y E O
Z I O T L X Q L E C E Z K Q K B
O N L Q K X J T R I K S K F J T
K E U J F K O R F T D M A Q X Z
U I T C A V V C E S O È T T R Y
H F S O U M E J C Í F H N A R G
U R S N U Y B X T T K O A T R Q
G A I I I A J I E R B N T N I F
A R O M À T I C C A A E R E N C
D S P I P O F N I I M S O L L M
Q O M R Ç I G X T X Ó T P G I U
B E U P J P F X Ò F Y S M T K J
B T W M C I I R X F Y D I J B K
L A X Z Q S Ó R E N E G R A L L
```

AMBICIÓS
AROMÀTIC
ARTÍSTIC
ABSOLUT
ACTIU
ENORME
EXÒTIC
GENERÓS
JOVE
GRAN

IDÈNTIC
IMPORTANT
LENT
LLARG
MODERN
HONEST
PERFECTE
PESAT
VALUÓS
PRIM

7 - Geologia

```
E  S  T  A  L  A  C  T  I  T  A  M  À  T  Z  U
X  X  Q  M  X  P  G  J  Y  Q  N  I  T  C  Ó  Y
E  S  A  L  E  A  D  M  J  Y  R  N  E  C  I  A
E  E  Z  X  À  C  C  N  C  D  E  E  Q  K  S  D
H  G  B  D  L  R  B  L  A  L  V  R  R  R  O  E
W  Q  Y  V  P  C  Y  O  L  T  A  A  X  W  R  S
Q  F  E  W  I  E  H  M  C  À  C  L  O  V  E  T
O  U  A  H  T  R  D  È  I  G  Q  S  I  V  C  A
R  U  A  U  L  K  W  R  E  S  I  È  U  G  O  L
Q  B  F  R  A  W  V  T  A  X  I  J  R  N  N  A
T  V  G  W  S  L  L  A  T  S  I  R  C  O  T  G
R  N  H  S  K  W  U  R  S  F  W  I  X  N  I  M
M  O  T  V  P  C  I  R  Ç  Y  A  D  X  Z  N  I
G  M  F  U  M  A  H  E  J  Q  I  Z  N  W  E  T
W  T  A  A  W  A  W  T  H  G  Q  V  K  K  N  E
C  O  R  A  L  I  S  S  Ò  F  L  A  V  A  T  S
```

ÀCID
ALTIPLÀ
CALCI
CAVERNA
CONTINENT
CORAL
CRISTALLS
EROSIÓ
FÒSSIL
GUÈISER

LAVA
MINERALS
PEDRA
QUARS
SAL
ESTALAGMITES
ESTALACTITA
CAPA
TERRATRÈMOL
VOLCÀ

8 - Campeggio

```
A L O X I Ú R B E L C C Q C S A
Ç R L H U C K I G C S O B A A V
A F B A Y M H N D A F Q K N N E
C Y Q R C W A S L B O W S O I N
O X M B E V M E H I C K O A M T
R B K I N S A C M N J J I T A U
D M A P A F C T Y A F K Z R L R
A L L U N A A E E K F E Z Q S A
D I V E R S I Ó P R X V V M R C
N A T U R A L E S A R E Z G N W
E F B L R Ç D W T P H A Q A C F
T C J N P X Q K I G Q F B W C H
B V N F L Y W B R A G V R Q J S
Z I T B E L T D Ç L C Ç I X D X
O V D C J C J V Q O V P K J S V
O Y Y Ç Z M U N T A N Y A D B K
```

ARBRES	DIVERSIÓ
HAMACA	BOSC
ANIMALS	FOC
AVENTURA	INSECTE
BRÚIXOLA	LLAC
CABINA	LLUNA
CAÇA	MAPA
CANOA	MUNTANYA
BARRET	NATURALESA
CORDA	TENDA

9 - Tempo

```
T M Z C Y J X A N A M T E S F S
T B A M A T F G H N Q A P Ç D Ç
P O D È C A D A H I E W B B F P
C A L E N D A R I T R P Ç N Q S
L R K J R I P Ç T L M B T O A Z
A E H B O M Q G U T I N G Q K D
B G X Q I Q S L E L G E S E M L
A T Z G D N I P Y L D A Í T A M
N O K F Z L E T U N I M Y U V F
S L R P F T L A U N A R O H U U
C L A T F C V I O F S I B J I T
D E S P R É S V N T W D D X U U
P R O E G X Q A R W B N D X K R
R Z A E S L F J J I O L C O R B
Q J U P A I X S F E M U Q D Z K
T L C X N U J I Y V U S Q H D P
```

ANY
ANUAL
CALENDARI
DÈCADA
DESPRÉS
FUTUR
DIA
AHIR
MATÍ
MES

MIGDIA
MINUT
NIT
AVUI
HORA
RELLOTGE
AVIAT
ABANS
SEGLE
SETMANA

10 - Astronomia

```
S  O  M  S  O  C  F  H  X  Q  S  C  E  A  E  C
L  U  U  N  I  V  E  R  S  L  A  O  Q  S  N  V
P  A  P  X  Q  F  E  D  M  C  C  N  U  T  U  E
B  L  S  E  E  B  Y  E  N  R  G  S  I  R  G  P
V  E  A  T  R  O  E  T  E  M  K  T  N  O  U  A
X  C  I  N  R  N  C  V  X  Ç  Z  E  O  N  F  U
Z  J  X  K  E  Ò  O  Y  A  C  L  L  C  A  X  A
W  E  À  H  S  T  N  V  R  E  C  ·  C  U  G  L
A  D  L  F  I  A  A  O  A  V  O  L  I  T  U  A
A  I  A  F  T  T  F  Ç  M  O  E  A  C  A  R  S
H  O  G  O  U  E  L  K  K  S  T  C  N  G  H  T
I  R  O  T  A  V  R  E  S  B  O  I  D  P  V  E
I  E  Ó  I  C  A  I  D  A  R  N  Ó  D  E  U  R
Ç  T  X  Z  F  R  T  E  L  E  S  C  O  P  I  R
D  S  A  Z  L  G  N  E  B  U  L  O  S  A  M  A
H  A  L  L  U  N  A  N  R  K  D  Ç  O  W  H  Ç
```

ASTEROIDE	METEOR
ASTRONAUTA	NEBULOSA
ASTRÒNOM	OBSERVATORI
CEL	PLANETA
COSMOS	RADIACIÓ
CONSTEL·LACIÓ	COET
EQUINOCCI	SUPERNOVA
GALÀXIA	TELESCOPI
GRAVETAT	TERRA
LLUNA	UNIVERS

11 - Algebra

```
R U T O Ó V T N D I A G R A M A
A E N I I A W S W F L S W O U Q
C U S Y C R D Q J Ç Ç C T K W V
I L L T C I K E M P E S O W B V
F I A M A A M X P S K P R G O F
I N F B R B B P Q V G L N Q V Ó
L E B K F L A O R E Z M G V Q R
P A B D Ó E Q N J V W R D N Ç M
M L L I I X E E R D R P F J L U
I L R V C Ó Q N T I N I F N I L
S Y U I U R T A M F Ú T Ç R A
L J I S L C I F À R G A M A Y C
D B B I O A Z V O C Z J C E J Q
Q Y R Ó S U O C X P Ç Q X T R S
X Z Q C E Q P R O B L E M A O O
W T U L L E P A R È N T E S I R
```

DIAGRAMA	LINEAL
DIVISIÓ	MATRIU
EQUACIÓ	NÚMERO
EXPONENT	PARÈNTESI
FALS	PROBLEMA
FACTOR	SIMPLIFICAR
FÓRMULA	SOLUCIÓ
FRACCIÓ	RESTA
GRÀFIC	VARIABLE
INFINIT	ZERO

12 - Mitologia

```
C Y L W X Y G B L L E G E N D A
L O O F U V Z U D L L F G L V R
L R M A M S G T E M N M X A L U
A T V P T V L A T R O M P B I T
M H E I O E Q T W A R D O E V L
P Q N N Q R C I P I U E K R F U
S F J Ç J T T L Ç S S T R I H C
V T A Y J S U A F O R Ç A N E M
M F N A R A R T M L R L A T R O
D E Ç F H S J R Z E V I R C O N
E U A S R E T O L G N E Q R I S
S K H J J D H M Ç A T U E Z T
D E Ï T A T S M À S Y E E A R R
Q Y S Ç U I O I A G Y I T C X E
B N U B X J B P Z G I T I I O H
C R I A T U R A Z X J C P Ó X F
```

ARQUETIP
COMPORTAMENT
CRIATURA
CREACIÓ
CULTURA
DESASTRE
DEÏTATS
HEROI
FORÇA
LLAMPS

GELOSIA
GUERRER
IMMORTALITAT
LABERINT
LLEGENDA
MÀGIC
MORTAL
MONSTRE
TRO
VENJANÇA

13 - Piante

```
V  C  B  Z  C  A  C  T  U  S  Y  W  D  N  P  V
T  T  Z  U  Q  I  V  E  G  E  T  A  C  I  Ó  R
D  Ç  E  A  B  I  Ç  Ç  B  M  P  X  S  P  Z  J
O  Y  G  N  S  C  S  M  F  S  G  C  U  C  W  L
M  H  T  N  E  V  V  B  O  S  C  A  U  L  W  A
S  O  A  B  A  M  B  Ú  H  Í  D  R  A  J  R  X
U  Y  L  H  W  G  J  J  W  S  R  R  C  W  S  Y
D  V  L  S  T  K  O  L  U  S  S  E  B  T  T  X
Q  C  U  Y  A  T  E  G  N  O  M  L  A  P  W  P
A  L  F  A  R  E  X  I  É  R  C  L  I  B  C  R
L  B  J  S  U  Y  P  N  M  F  Q  Y  A  H  K  L
P  Y  K  G  E  H  B  È  F  Y  Ç  F  L  C  M  R
H  K  Y  Z  H  T  E  U  T  S  U  B  R  A  A  C
F  L  O  R  A  J  T  R  C  A  M  A  O  J  D  Q
Z  A  C  I  N  À  T  O  B  Y  L  A  L  I  O  T
A  R  B  R  E  G  L  W  I  A  J  U  F  A  B  X
```

ARBRE	ADOB
BAIA	FLOR
BAMBÚ	FLORA
BOTÀNICA	FULLATGE
CACTUS	BOSC
ARBUST	JARDÍ
CRÉIXER	MOLSA
HEURA	PÈTAL
HERBA	ARREL
MONGETA	VEGETACIÓ

14 - Spezie

```
D W U V G À H V F P C T Y L G Ç
M O M A D R A C O E O P B V M A
H A L Q V F F Q N B R L T Z H E
R H I Ç U A P U O R I F D D N S
G Y S M G S D A L E A R O A B A
H E T N Q Ç V D L Z N Q A M P L
T A L L E Y N A C S D S L W H X
T I R D Í M O C I Í R R L J U O
O S R F J T R S A N E W B C V I
L S H R R L C O M A I F H E K O
H È K S U R V M A Z Y L D B L P
P L Q V L C F U R N F E L A U U
N A Y E A T O O G D D G D A E J
Ç G H X F V M N C Ú R C U M A O
P E B R E V E R M E L L X V F L
E R B E G N I G P K E G E Ç M G
```

ALL
AMARG
ANÍS
CANYELLA
CARDAMOM
CEBA
CORIANDRE
COMÍ
CÚRCUMA
CURRI

DOLÇ
FONOLL
REGALÈSSIA
NOU MOSCADA
PEBRE VERMELL
PEBRE
SAL
VAINILLA
SAFRÀ
GINGEBRE

15 - Numeri

```
A F N Z K I N Y F J D X W D O H
D Y Q V Q N W G M C O E Z T E S
D J I P A L S Z Y V W F U O N B
U Y Ç B V F H W C I N C Q K I P
Q I H H A S C H R V S E R T E S
J F F L J V O F X X I D I D E S
Z D J V B P O Q O A S N A I Q M
R O C Z U K Q U I N Z E T S U K
D T M I Z K D D P P I Z I S A N
L O T B X K D I N O U T U E T M
L R T D E C I M A L P E V T R D
D E Q Z U M F L G F W R I X E Q
K Z X M E Z R O T A C T D N P F
F O O H W E X G J K F U Ç Z R B
E G N B K I B V U I T N H P O G
G Q Z M S M B Y X F D O S Ç B A
```

CINC
DECIMAL
DINOU
DISSET
DIVUIT
DEU
DOTZE
DOS
NOU
VUIT

CATORZE
QUATRE
QUINZE
SETZE
SIS
SET
TRES
TRETZE
VINT
ZERO

16 - Guida

```
C C P A V Ç J T G C L B F G A S
G H O K W D T Ú A Z Z S B J U E
M O N T P X L N S T I W Ç G T G
S K R C X R D E G T A R A G O U
A W E H O E L L V G Y U K R B R
R O T O M M A C C I D E N T Ú E
E I U O M H B L B J C S Z R S T
T N A N A I V U Z J S E F Ç A A
E R P R W O A M S L Y L O W E T
R Z A X O G I N R T T R J F H Q
R W M N A I C N È C I L L S E W
A U O B S G I T H J S B M O T O
C P X J N P L R J L N T L G G Y
L V V F E G O T O I À C Q E W H
M R J P R P P R P E R I L L F G
A N Z J F E S Z T F T Y H Z S S
```

COTXE

AUTOBÚS

COMBUSTIBLE

FRENS

GARATGE

GAS

ACCIDENT

LLICÈNCIA

MAPA

MOTO

MOTOR

VIANANT

PERILL

POLICIA

SEGURETAT

CARRETERA

TRÀNSIT

TRANSPORT

TÚNEL

17 - I Media

```
C O M U N I C A C I Ó E G L F I
E D U C A C I Ó X G P S M O O N
C M E S C I U J J A H G D C T T
D I A R I S N I B T R C J A O E
E L Z H L T Z D F Ç W X K L G L
F A K N B E O X I P Y D A Y R ·
Z I L Q Ú F Z D W V V B B D A L
J C N Ç P Z Y N U T I Q W B F E
B R E A I N Í L N E Ç D O T I C
N E S I N E D I C I Ó I U H E T
G M K X U Ç P W G M K E X A S U
E O I D À R A S O P I N I Ó L A
V C T E T C A M Z D S Y V S L L
A C T I T U D S E Z P F E O C G
D I G I T A L D G N D K I Ç G S
Y Z Ç F I K L A I R T S Ú D N I
```

ACTITUDS
COMERCIAL
COMUNICACIÓ
DIGITAL
EDICIÓ
EDUCACIÓ
FETS
FINANÇAMENT
FOTOGRAFIES
DIARIS

INDIVIDUAL
INDÚSTRIA
INTEL·LECTUAL
LOCAL
EN LÍNIA
OPINIÓ
PÚBLIC
RÀDIO
XARXA

18 - Forza e Gravità

```
U F E W E M M C L K J M N K L Y
N Í I X L X I A I C N À T S I D
I S X L J H P T G L H O T G I A
V I K J D R I A H N Q H I E J X
E C I M À N I D N R E R T N E C
R A H K C R P Q M S R T E M M S
S I Z N C D Q R A Z I Z I K L T
A A W O Z H Ç T E Z R Ó F S K A
L M E C À N I C A S Z S P F M T
O F V G T F X U E E S L J R H E
M O V I M E N T F T Ò I M I C I
T L Ç U Y H K B L E R W Ó C O P
T E M P S N B Q B N B M W C H O
H A I M P A C T E A I A H I J R
V E L O C I T A T L T Q M Ó Q P
N Ç T E W Z Y Q G P A P E S N N
```

EIX
FRICCIÓ
CENTRE
DINÀMIC
DISTÀNCIA
EXPANSIÓ
FÍSICA
IMPACTE
MAGNETISME
MECÀNICA

MOVIMENT
ÒRBITA
PES
PLANETES
PRESSIÓ
PROPIETATS
TEMPS
UNIVERSAL
VELOCITAT

19 - Sport

```
L  Ç  E  C  W  A  D  X  U  B  V  C  Q  W  J  R
I  E  X  Z  S  I  I  S  C  A  T  E  I  D  G  X
M  C  P  F  R  F  H  G  G  L  L  Z  F  E  M  H
P  A  A  K  A  F  O  M  U  L  K  Y  P  D  H  H
R  Ç  X  P  S  A  L  U  T  A  L  O  N  E  M  G
O  R  A  I  A  F  G  Q  Z  G  K  G  F  B  R  C
G  O  T  N  M  C  U  S  L  U  C  S  Ú  M  E  I
R  F  L  U  L  I  I  Ç  Ç  Q  Ó  O  I  E  S  C
A  H  E  T  Y  R  T  T  E  O  R  S  P  T  I  L
M  G  T  R  E  Q  C  Z  A  W  R  S  V  A  S  I
A  J  A  I  Y  Q  E  H  A  T  E  O  F  B  T  S
M  J  J  C  C  B  J  J  I  R  R  V  S  Ò  È  M
D  Z  K  I  L  R  B  O  K  C  A  U  M  L  N  E
O  V  K  Ó  Q  S  O  C  W  W  R  D  L  I  C  H
E  N  T  R  E  N  A  D  O  R  U  Q  E  C  I  C
J  Y  U  N  I  E  S  P  O  R  T  S  T  N  A  U
```

ENTRENADOR
ATLETA
CAPACITAT
CICLISME
COS
BALL
DIETA
FORÇA
CÓRRER
MAXIMITZAR

METABÒLIC
MÚSCULS
NEDAR
NUTRICIÓ
OBJECTIU
OSSOS
PROGRAMA
RESISTÈNCIA
SALUT
ESPORTS

20 - Caffè

```
Q D F U R J L P Y L L S O C D E
Ç J N M A P J R Q Z S D I M U F
T F S Z F J T E R T L I F A K W
Q B G V N Y G U O J R C Z T A M
B I G D L Z P Q Z G N À Q Í U Q
C E O R I G E N F C R O B A S J
H A G V A R I E T A T O J J R X
U P F U M O L D R E E H S Y Z K
Ç O L E D A I G U A L S G T D Y
U C H F Ï A Y Ç I M L U N N I X
A M A R G N Z V T O L C M L U T
S L I N A U A Z E R D R L R Q B
U Ç Y O G O R J W A W E Z I Í Y
N J H X P N A T A O P Ç R S L B
N E G R E L P G M Z B I S P X O
D F N Z J T Ç J B D A E U V A X
```

ÀCID
AIGUA
AMARG
AROMA
ROSTIT
BEGUDA
CAFEÏNA
NATA
FILTRE
SABOR

LLET
LÍQUID
MOLDRE
MATÍ
NEGRE
ORIGEN
PREU
COPA
VARIETAT
SUCRE

21 - Uccelli

```
P Z G T D À C U T U C U C P I X
O U Ó H Y N N I P O Q M I O X E
Ç U R T S E E H K H S R Z L L P
F Q G O U C M N X M O F M L W C
I T A K M A A N I V A G A A A O
J J Y B N E L C Ç Z R U R S B Y
P I Z K Q B F V I U J B R T À Q
I C O L M W D L G P A Ó R G R
D Y Q R H G K E L N O J Y E U A
E M A Q J Ó V Y O W C N N P I O
Z H P E L I C À R A T J Y X L I
P I N G Ü Í C L O R C B Q A A H
P A R D A L I D A C C Y M J C Ç
P O I R E S G O N F W C D G G O
Ç P J A G H N Q O R L W Z S M M
B T W Q J D E W A U S Ç Ç K S V
```

AGRÓ
ÀNEC
ÀGUILA
CIGONYA
CIGNE
CUCUT
FALCÓ
FLAMENC
GAVINA
OCA

LLORO
PARDAL
PAÓ
PELICÀ
COLOM
PINGÜÍ
POLLASTRE
ESTRUÇ
TUCÀ
OU

22 - Giorni e Mesi

```
B S D M R B H Q X D U Y L W S D
U C E T B A S S I D U H G Z E I
K N S O B U E R B U T C O T U
Q K E K S T R A M I D K H K E M
I J M S K M C G E N E R C U M E
O X B E G E E J U N Y Z N K B N
L K R C H O M F F B C G V Z R G
K B E O J Y I Z H Ç D R C E E
C L A W D N D Ç E R B M E V O N
J D K U I M Q N A Z T R N M X B
T F G T L I R B A N W I E B B L
M X J S L O I L U J Y Y O R Q O
L Q J U U S E T M A N A P V F X
I R A D N E L A C G A A G O S T
J C F O S D I V E N D R E S B Y
K W N V K U N J C V B L J P H T
```

AGOST
ANY
ABRIL
CALENDARI
DESEMBRE
DIUMENGE
FEBRER
GENER
JUNY
JULIOL

DILLUNS
DIMARTS
DIMECRES
MES
NOVEMBRE
OCTUBRE
DISSABTE
SETEMBRE
SETMANA
DIVENDRES

23 - Casa

```
K N V A H D G H E X O G G E M D
U A K R I A U H F X S A C N A T
S O S T R E B T L W S R À G C A
V K W S A J W I X T U A V T J G
S M Ç E G A X R T A A T E X I A
C U I N A R O Y E A L G T G F C
O L X I T D S B R R C E X P U E
F L T F R Í Y U A B M I T K K T
E T N Ç O R U O P M G N Ó A T O
D S M O P N H V E O T E R R A I
R T I J S X O R D C U N F N F L
A Y R V B E P B U S M S F V I B
L V A L A L Ç E C E T K Y K T I
L O L D X Ç N E U X K I W N A B
S T L O F M I J D F D Y E Y C Ç
T U N Ç V Q R K D Z X O M R L U
```

ÀTIC
BIBLIOTECA
HABITACIÓ
LLAR DE FOC
CLAUS
CUINA
DUTXA
FINESTRA
GARATGE
JARDÍ

LLUM
PARET
TERRA
PORTA
TANCA
AIXETA
ESCOMBRA
SOSTRE
MIRALL
CATIFA

24 - Fantascienza

```
R  E  Ó  I  S  U  L  ·  L  I  W  A  R  D  K  W
O  X  I  V  M  U  T  O  P  I  A  T  E  I  T  L
B  T  S  A  Y  A  F  J  K  T  R  Ò  A  S  F  M
O  R  O  K  U  I  G  A  T  S  E  M  L  T  M  I
T  E  L  G  L  G  Ç  I  N  C  J  I  I  Ò  A  S
S  M  P  M  U  O  F  C  N  T  N  C  S  P  H  T
E  V  X  U  R  L  M  E  V  A  À  J  T  I  K  E
P  N  E  H  V  O  Y  N  W  T  R  S  A  A  E  R
P  P  G  H  G  N  X  Y  G  S  Z  I  T  A  B  I
C  V  Z  Q  N  C  O  F  H  I  P  T  P  I  U  Ó
M  I  C  O  J  E  L  C  A  R  O  F  L  X  C  S
N  Q  N  P  T  T  P  Q  Y  U  D  U  A  À  P  R
J  H  S  E  R  B  I  L  L  T  W  A  N  L  C  B
Q  C  G  Z  M  W  X  V  K  U  S  D  E  A  C  M
C  Y  F  X  B  A  C  A  T  F  D  Ç  T  G  J  K
H  S  Ç  R  U  A  P  T  Ç  M  Ó  N  A  U  P  L
```

ATÒMIC	IMAGINARI
CINEMA	LLIBRES
DISTÒPIA	MISTERIÓS
EXPLOSIÓ	MÓN
EXTREM	ORACLE
FANTÀSTIC	PLANETA
FOC	REALISTA
FUTURISTA	ROBOTS
GALÀXIA	TECNOLOGIA
IL·LUSIÓ	UTOPIA

25 - Città

```
G N S I F C L Í N I C A L N S E
X A O Y U L S W R A N B L Z U L
C M L V I N E J V X U W I Y P J
M E F E Y Ç I C T T S V B X E X
W N G G R H Ç V A G B E R E R G
W I Z L F I R W E R T A E T M A
U C N A B O A X O R X I R E E Q
E S C O L A T L Q W S C I F R E
S Z G O E B S I Q V L I A F C S
U A C E T O I L B I B G T H A T
M G Y H O T R P R Ç O Ò A A T A
J G P I H I O N I C Z L C B T D
T A H W L G L E H G X O R B C I
U Z T E P A F D I U X O E H E G
F A R M À C I A L F N Z M V O Z
B U P A E R O P O R T U X X V X
```

AEROPORT	MERCAT
BANC	MUSEU
BIBLIOTECA	BOTIGA
CINEMA	FLECA
CLÍNICA	ESCOLA
FARMÀCIA	ESTADI
FLORISTA	SUPERMERCAT
GALERIA	TEATRE
HOTEL	UNIVERSITAT
LLIBRERIA	ZOOLÒGIC

26 - Fattoria #1

```
L  M  W  L  R  R  U  C  A  I  G  U  A  S  Ç  V
E  S  F  L  F  E  N  C  L  L  A  V  A  C  E  E
L  H  L  A  J  L  V  V  L  C  A  M  P  D  F  D
H  S  E  V  P  R  B  A  E  J  T  C  Ç  Ç  T  E
Z  E  I  O  N  O  T  C  B  X  A  P  G  A  T  L
G  C  R  R  V  L  L  A  A  A  R  T  Q  C  A  L
Y  R  A  S  R  P  Z  L  Ç  T  R  I  N  N  M  R
O  O  J  B  O  D  A  X  A  I  Ò  U  B  A  A  G
E  P  A  X  R  G  Z  W  R  S  S  J  S  T  R  Z
N  Z  P  O  G  A  R  P  D  O  T  V  Z  M  W  J
K  D  W  G  O  F  S  O  L  H  C  R  H  L  G  F
Y  Y  W  M  O  X  B  Q  H  N  A  Q  E  P  I  S
L  I  G  E  B  S  V  A  I  E  P  A  H  Q  A  N
Q  A  V  L  F  H  C  B  X  X  V  V  F  M  U  X
D  V  G  Ç  A  C  E  J  D  Ç  B  V  R  Ç  Y  I
Y  A  G  R  I  C  U  L  T  U  R  A  S  L  C  N
```

AIGUA	GAT
AGRICULTURA	RAMAT
ABELLA	PORC
RUC	MEL
CAMP	VACA
GOS	POLLASTRE
CABRA	TANCA
CAVALL	ARRÒS
ADOB	LLAVORS
FENC	VEDELL

27 - Psicologia

```
P  C  Z  V  Q  U  L  P  C  C  G  F  J  H  N  Q
I  E  O  S  E  I  C  N  È  I  R  E  P  X  E  E
N  P  R  M  Y  G  N  Z  I  L  S  Q  I  O  O  L
F  E  C  C  P  C  O  R  Z  Ç  V  X  N  L  E  L
A  N  L  F  E  O  Q  Y  A  T  V  O  L  V  X  O
N  S  Í  R  T  P  R  A  C  O  G  N  I  C  I  Ó
T  A  N  H  K  Q  C  T  I  D  E  E  S  W  T  M
E  M  I  C  A  M  V  I  A  I  P  À  R  E  T  T
S  E  C  W  M  Ç  V  C  Ó  M  X  O  Z  Ó  J  A
A  N  P  R  O  B  L  E  M  A  E  Q  B  I  Z  T
V  T  B  K  I  T  N  E  I  C  S  N  O  C  N  I
R  S  N  O  I  C  O  M  E  P  P  Ç  T  A  S  L
Z  S  U  B  C  O  N  S  C  I  E  N  T  S  K  A
C  O  N  F  L  I  C  T  E  Ç  G  C  X  N  R  E
P  E  R  S  O  N  A  L  I  T  A  T  U  E  V  R
G  A  V  A  L  U  A  C  I  Ó  G  B  J  S  Ç  Y
```

CITA
CLÍNIC
COGNICIÓ
COMPORTAMENT
CONFLICTE
EGO
EMOCIONS
EXPERIÈNCIES
IDEES
INCONSCIENT

INFANTESA
PENSAMENTS
PERCEPCIÓ
PERSONALITAT
PROBLEMA
REALITAT
SENSACIÓ
SUBCONSCIENT
TERÀPIA
AVALUACIÓ

28 - Paesaggi

```
H B T R E S E D T Z E R Z U P G
R Y V U L Ç B U X F B V Z A D
H G Y I R A M M N D U O F W N L
O U C R N Ó U D D I L L A E T N
C È W O Y B Ç G R P L O Y B À B
E I C C V R Q V A E A A N P A T
À S Z Ç E A W O X N V F A X N K
C E G Z D R B Z J Í R B T F C G
L R H I Z E N V R N H V N M A K
O S L C S C F U L S V H U W S A
V G L E R A P X K U A P M D C I
O S A B D L O J P L Q L J L A X
N A C E E G M D U A L A J F D H
M D R R B D Z J T C L T Ç Z A H
X A H G S O X X Ç P P J H Z H Ç
Q X X F I M V S J V K A W Ç X U
```

CASCADA	MAR
TURÓ	MUNTANYA
DESERT	OASI
RIU	OCEÀ
GUÈISER	PANTÀ
GLACERA	PENÍNSULA
COVA	PLATJA
ICEBERG	TUNDRA
ILLA	VALL
LLAC	VOLCÀ

29 - Energia

```
Y  V  C  D  E  P  C  L  C  E  N  G  J  H  K  K
N  Q  T  B  L  Q  K  V  A  L  V  O  C  G  N  N
E  K  W  V  E  K  H  A  R  È  F  E  S  G  R  F
S  K  Q  P  C  Z  Ç  G  B  C  M  I  N  K  G  V
I  V  O  I  T  C  A  Q  O  T  H  Z  Q  T  E  Y
T  L  T  R  R  U  O  Q  N  R  O  T  O  M  M  L
S  Ó  K  S  Ó  G  C  M  I  I  H  I  Y  X  R  W
E  N  T  R  O  P  I  A  B  C  T  C  A  L  O  R
L  I  R  O  Ç  H  C  F  N  U  Y  U  Ç  B  J  W
B  T  C  P  F  X  F  Q  N  D  S  R  A  L  I  P
A  K  R  A  E  L  C  U  N  B  E  T  N  F  Q  I
V  U  W  V  G  A  S  O  L  I  N  A  I  T  I  S
O  I  N  D  Ú  S  T  R  I  A  Z  U  B  B  M  J
N  E  G  O  R  D  I  H  B  X  C  D  R  B  L  Z
E  M  E  D  I  A  M  B  I  E  N  T  U  B  Z  E
R  D  I  È  S  E  L  L  Z  E  W  Q  T  B  V  Z
```

MEDI AMBIENT
PILA
GASOLINA
CALOR
CARBONI
COMBUSTIBLE
DIÈSEL
ELÈCTRIC
ELECTRÓ
ENTROPIA

FOTÓ
HIDROGEN
INDÚSTRIA
MOTOR
NUCLEAR
RENOVABLES
TURBINA
VAPOR
VENT

30 - Ristorante #2

```
F  B  O  D  I  N  A  R  A  P  O  S  H  V  B  N
R  E  H  U  I  T  I  R  E  P  A  M  R  S  A  L
U  G  E  E  S  F  O  R  Q  U  I  L  L  A  D  E
I  U  W  P  S  Í  T  S  A  P  R  N  F  C  I  G
T  D  F  D  E  P  V  Z  M  U  P  Ç  R  U  N  A
A  A  V  E  T  B  È  O  K  Y  J  B  X  L  A  D
Z  T  Q  Q  D  C  Q  C  D  D  Ç  X  C  L  M  I
V  R  K  F  E  T  G  P  I  M  Q  B  S  E  A  A
D  E  L  I  C  I  Ó  S  E  E  T  C  O  R  C  I
L  T  Y  F  A  E  Z  E  H  I  S  A  P  A  A  G
C  I  F  N  R  T  O  R  X  S  X  D  A  C  M  U
Q  R  B  N  W  G  M  U  W  I  M  I  R  R  B  A
S  C  Ç  X  G  J  I  D  C  D  P  R  F  Z  R  W
W  S  I  O  X  F  S  R  Z  I  W  A  C  Ç  E  M
T  D  O  A  M  Ç  B  E  X  U  X  D  U  F  R  C
O  R  S  J  D  D  G  V  W  Z  C  S  B  B  K  L
```

AIGUA	AMANIDA
APERITIU	SOPA
BEGUDA	PEIX
CAMBRER	DINAR
SOPAR	SAL
CULLERA	CADIRA
DELICIÓS	ESPÈCIES
FORQUILLA	PASTÍS
FRUITA	OUS
GEL	VERDURES

31 - Moda

```
B O T O N S M E O R I G I N A L
B R E M F W K N T P Y A T V T T
I R D V Z M K C J Ç E I W X S A
H S O G C A X A I T T N T S I I
K E Ç D V R S I C I M D J Ç L C
O D L E A U G X G T J C P P A N
C O L E V T T E X T U R A L M È
F M I V G Z G W C W Z J F K I D
J Ò Z F V A P N P Ó A F E T N N
G C N C A R N Q F R X N U E I E
E H E A J P R T Z T À V Q Y M T
S L S X D N E V Q A P C I J J E
T S E D O M D Q C P D Q T Q J I
I Y G F M B O K Z U A B U I D X
L K V A S D M X O A C T O J C I
S O F I S T I C A T W A B O R T
```

ROBA
BOUTIQUE
CAR
CÒMODE
ELEGANT
MINIMALISTA
PATRÓ
MODERN
MODEST
ORIGINAL

ENCAIX
PRÀCTIC
BOTONS
BRODAT
SENZILL
SOFISTICAT
ESTIL
TENDÈNCIA
TEIXIT
TEXTURA

32 - L'Azienda

```
U  N  I  T  A  T  S  D  L  Y  Z  M  P  X  S  I
C  T  K  L  Q  M  E  A  E  Q  T  J  L  L  A  N
C  R  E  A  T  I  U  S  O  C  K  K  A  M  L  D
R  S  I  B  A  A  Z  H  C  P  I  M  N  V  A  Ú
H  K  N  O  T  R  F  X  U  R  L  S  O  X  R  S
A  A  V  L  T  R  D  N  P  E  J  O  I  Ç  I  T
Ç  T  E  G  A  I  K  J  A  S  P  S  S  Ó  S  R
I  F  R  R  T  S  S  C  E  R  R  S  I  I  I
M  U  S  C  I  C  E  O  I  N  O  U  E  C  N  A
I  B  I  H  L  O  V  S  Ó  T  G  C  F  A  N  E
Z  Z  Ó  Y  A  S  T  S  H  A  R  E  O  T  O  I
P  R  O  D  U  C  T  E  K  C  É  R  R  U  V  N
I  D  H  L  Q  R  G  R  Ç  I  S  Ç  P  P  A  U
Q  K  T  E  U  S  F  G  S  Ó  F  R  E  E  D  R
O  A  Z  S  E  I  C  N  È  D  N  E  T  R  O  H
Ç  F  T  A  T  I  L  I  B  I  S  S  O  P  R  S
```

CREATIU
DECISIÓ
GLOBAL
INDÚSTRIA
INNOVADOR
INVERSIÓ
OCUPACIÓ
POSSIBILITAT
PRESENTACIÓ
PRODUCTE

PROFESSIONAL
PROGRÉS
QUALITAT
INGRESSOS
REPUTACIÓ
RISCOS
RECURSOS
SALARIS
TENDÈNCIES
UNITATS

33 - Giardino

```
F  X  I  E  A  Q  T  Y  N  A  T  S  E  B  Ç  J
D  V  U  F  F  Y  E  Í  D  R  A  J  V  A  B  T
C  W  C  L  E  Z  R  C  H  B  M  L  K  N  K  M
S  Q  Y  K  S  N  R  G  Q  U  G  T  E  C  A  X
Z  H  N  H  A  P  A  A  P  S  E  G  T  Y  Y  F
Y  P  Q  R  H  T  S  J  R  T  Q  G  R  O  L  F
U  D  R  F  Y  H  S  H  L  B  Z  V  A  G  F  Y
H  E  R  B  A  L  A  P  X  B  R  X  M  W  M  O
R  A  S  C  L  E  T  R  O  H  R  E  P  B  X  A
G  A  R  A  T  G  E  G  X  A  Y  X  O  I  A  B
M  Y  P  L  Q  D  S  N  T  M  G  Y  L  S  W  J
E  N  F  O  W  A  J  G  X  A  H  E  Í  Z  W  S
H  I  C  O  C  T  A  V  U  C  T  A  N  C  A  L
S  V  K  C  N  I  C  C  R  A  Z  G  I  À  S  K
M  A  L  E  S  H  E  R  B  E  S  G  N  F  M  X
Y  I  Q  S  Ò  L  E  D  G  N  T  K  O  Z  P  A
```

ARBRE	BANC
HAMACA	GESPA
ARBUST	RASCLET
HERBA	TANCA
MALES HERBES	ESTANY
FLOR	SÒL
HORT	TERRASSA
GARATGE	TRAMPOLÍ
JARDÍ	MÀNEGA
PALA	VINYA

34 - Riscaldamento Globale

```
G R J H Ç A M I L C W F N E S Q
O À D G M M R X V Q Ç O U D B C
V R M W L B C A M T K U Z T V M
E T N X Ó I C A L S I G E L U T
R I O D E E A T H Ç L G P A I R
N C Z S N N S B D À D U A F S A
Q B Y G Ç T J Ç S A B J O D V N
S N O I C A R E N E G I O J H O
Ó Y F L Y L G Ç X G S J T O O Ç
I N T E R N A C I O N A L A E I
C C I E N T Í F I C D I O J T V
N G Z F D O T E H X P G V C C S
E Z S H X L Z I P D G R I T H A
T P O B L A C I O N S E D A D G
A I R T S Ú D N I B Z N P B O U
C R I S I A R L U I V E Y Q W Q
```

AMBIENTAL
ÀRTIC
ATENCIÓ
CLIMA
CRISI
DADES
ENERGIA
FUTUR
GAS

GENERACIONS
GOVERN
HÀBITATS
INDÚSTRIA
INTERNACIONAL
LEGISLACIÓ
ARA
POBLACIONS
CIENTÍFIC

35 - Frutta

```
T J B Q U K A G Q D N Q C D J G
P A N O M I L L P K E M X E C E
I N R L T R U K W P C Ç L C L R
N U K O L A J Z Ç A T Z S P N D
Y R W G N A T À L P A I V O O U
A P T R B J A M Ï A R J I M H H
M E L Ó G R A E I I I F Z A F G
L P N X G A T Ç O A N C B Q R R
U E Y T P Q A H D V A L A L R T
X U V J A R E P J M I O I W I K
J X H Y Y C É Y S Ó C G A H S L
E S M A N G O S B R O C B G U A
I I A F Z O D V S A G Y I C K M
A L B E R C O C L E Z X Y B W Y
O F G E C A C X P A C I I C P R
C I R E R A J R J Q I C E Q F R
```

ALBERCOC	MANGO
PINYA	POMA
TARONJA	MELÓ
ALVOCAT	MÓRA
BAIA	NECTARINA
PLÀTAN	PAPAIA
CIRERA	PERA
KIWI	PRÉSSEC
GERD	PRUNA
LLIMONA	RAÏM

36 - Fattoria #2

```
P D T S W Ç Ç Y U Z À N E C B A
M Ç U R J L X G B F H H S L X
N E Z O X F E P K R O R F U A O
Y B N C A C O P S G Ç E L R T T
P P D J I I M G D F Y G U O E T
O S Q S A V T P A G È S C T L Y
R V O L K R D S Z I L T S C L B
O Z E V T O G F B O R D I A A N
M S J L S T R O H C D M B R Z X
E V I A L S Y I E R T F A T V D
D Q G F A A W X M M G C L J W T
T A R P M P A W I H Ç E J A Z U
A I A O I M W E C L G L F A M G
L D N H N P L S Z H S Y S G X A
B T E T A C Q N F R U I T A U C
O I R S B M O A G V X W J F W F
```

XAI
PAGÈS
RUSC
ÀNEC
ANIMALS
MENJAR
GRANER
FRUITA
HORT
BLAT

REG
FLAMA
LLET
BLAT DE MORO
OCA
ORDI
PASTOR
OVELLA
PRAT
TRACTOR

37 - Verdure

```
A P A S T A N A G A B E C S S E
T L A P I T Y Q S H T O O E N S
A I B R N P Z A U U H W L L A C
T U T E V A R V K F X J G E P A
A Q R O R C A R X O F A I R T L
P Ò F T M G A W V Q J D N B R U
W R M L P À Í U M I S I G M E N
L B K A N S Q N Q L U N E O V Y
P È S O L I Q U I J S A B G I A
I L Y X U J L C E A E M R O L S
Q I S J Z G C E Q T A A E C U S
J U O Ç W F S I O P E Z V Ç J A
E S P I N A C S E S B G H J V B
X T T X H D U O L B E E Q W U R
J Z K Y N S K Q W K W F V B H A
F J N H Z Ç L K I V X J T Q W C
```

ALL
BRÒQUIL
CARXOFA
PASTANAGA
COGOMBRE
CEBA
BOLET
AMANIDA
ALBERGÍNIA
PATATA

PÈSOL
TOMÀQUET
JULIVERT
NAP
RAVE
ESCALUNYA
API
ESPINACS
GINGEBRE
CARBASSA

38 - Musica

```
C I R Í L M M P R P R X U Ò S F
L N E V K Ú B E O Í V O R P P O
À S D I G S K U L È T H T E M N
S T U B S I P O C O T M Z R I C
S R C U X C J I A R D I I A C O
I U V O C A L B K T E I C C R R
C M T F J Q R A T N A C A Y Ò D
T E M T I R M L E A F I N U F T
O N N J U V U A I T W N P W O L
Q T T C R S S D Z N Z Ò T O N M
T E M P O V I A H A R M O N I A
K Z U W G N C R T C R R T L G E
F L B B V Q A W Y R X A R O K S
F L L V P B L X X L K H D S O R
Z F À Z Z Z A L F G Z W X C T X
Q B O N A Z J Z Y I Ç Q D H H Y
```

ÀLBUM
HARMONIA
HARMÒNIC
BALADA
CANTANT
CANTAR
CLÀSSIC
COR
LÍRIC
MELODIA

MICRÒFON
MUSICAL
MÚSIC
ÒPERA
POÈTIC
RÍTMIC
RITME
INSTRUMENT
TEMPO
VOCAL

39 - Barbecue

```
C D E D B L D Ç F S X N C E R B
D A R S T E V I N A G N Q S Y B
P R T E T N E L A C M E N J A R
I M S D I I A A S I C U H K N V
N F A I S X U L L S E A M S C C
V C L N C A V C A Ú B I Q O U D
I K L A O L L F S M A T I U R F
T E O M J L F A M Í L I A B A R
A O P A O E R M N E O Ç A D P U
C A Z O X A K O Q Z U E H G O V
I P R O G R R Q C O H F M I S I
Ó Q Y C L G T O M À Q U E T S R
D I N A R C O E P E B R E I Y W
A Ç F E K L U A U N M W Y Q P P
M J V A M T E O H Q Z Q P W Q U
H I L O M G F B T T T F B Z Y H
```

CALENT
SOPAR
MENJAR
CEBA
GANIVETS
ESTIU
FAM
FAMÍLIA
FRUITA
JOCS

GRAELLA
AMANIDES
INVITACIÓ
MÚSICA
PEBRE
POLLASTRE
TOMÀQUETS
DINAR
SAL
SALSA

40 - Fisica

```
Y  R  J  X  G  F  G  A  S  R  F  M  Y  P  M  Z
Y  T  T  S  R  R  A  E  L  C  U  N  O  I  V  N
C  A  O  S  A  E  U  Q  I  U  H  W  V  T  M  Z
F  L  M  Q  V  Q  E  N  Y  P  C  Ç  L  H  O  W
Ó  U  R  U  E  Ü  L  U  I  X  N  L  K  N  Q  R
R  C  O  B  T  È  E  E  B  V  Y  C  J  Ó  S  M
M  È  W  Y  A  N  C  L  K  M  E  G  H  I  M  W
U  L  W  W  T  C  T  À  V  P  R  R  P  S  T  C
L  O  R  S  D  I  R  J  T  A  T  I  S  N  E  D
A  M  D  F  J  A  Ó  V  D  O  F  L  U  A  Z  Z
Q  U  Í  M  I  C  U  D  S  J  M  Y  L  P  L  B
M  A  G  N  E  T  I  S  M  E  J  S  Z  X  C  J
A  C  C  E  L  E  R  A  C  I  Ó  W  G  E  D  G
R  E  L  A  T  I  V  I  T  A  T  C  T  E  Z  Ç
I  V  E  L  O  C  I  T  A  T  Q  Ç  E  I  K  F
M  E  C  À  N  I  C  A  L  U  C  Í  T  R  A  P
```

ACCELERACIÓ	GRAVETAT
ÀTOM	MAGNETISME
CAOS	MECÀNICA
QUÍMIC	MOLÈCULA
DENSITAT	MOTOR
ELECTRÓ	NUCLEAR
EXPANSIÓ	PARTÍCULA
FÓRMULA	RELATIVITAT
FREQÜÈNCIA	UNIVERSAL
GAS	VELOCITAT

41 - Agronomia

```
R F G G M P B Y K D U U Z W E I
C S L G L A R U R A J N E M Y D
I I H Ç I Z L O M O K U I O W E
N K È K B O D A D J N J U M D N
À J K N X U V S L U K O O Y I T
G Y M Q C U B E Ò T C Q Y F O I
R M V R O I E M S E I C W Ç F F
O V O B Ç M A E Y F K E I V L I
A G R I C U L T U R A Y S Ó L C
I E R O S I Ó S A I G U A K A A
G K Ó I C A N I M A T N O C V C
R D A A D M E S V P B F E F O I
E V A S V E C O L O G I A R R Ó
N E C R E I X E M E N T R M S N
E H M E D I A M B I E N T R G X
N R E C E R C A A Y W J D A H D
```

AIGUA
AGRICULTURA
MEDI AMBIENT
MENJAR
CREIXEMENT
ECOLOGIA
ENERGIA
EROSIÓ
ADOB
IDENTIFICACIÓ

CONTAMINACIÓ
MALALTIES
ORGÀNIC
PRODUCCIÓ
RECERCA
RURAL
CIÈNCIA
LLAVORS
SISTEMES
SÒL

42 - Erboristeria

```
Q A L F À B R E G A N H G O F J
G U L A G E S T R A G Ó F R B E
T X A S N Ç C P V F L O R E I T
Q Z U L C Q H J A R D Í U N N H
M P U Z I M A R D U I X Y G G F
Y K K Q T T R E V I L U J A R O
U V E H À E A N M F G I F J E N
Ç E X Ç M N H T S X L V A S D O
L I J K O A H B Q C C D R S I L
A S V F R L L K Z Z G Q I D E L
V T A R A Ç G C L J D Y G S N P
A S F F J X M P J E L I O U T X
N X E Y R V R O M A N Í L H V U
D K O E X À E O G U Z D A F W N
A M E N T A I R À N I L U C S V
V M F W W Q U D D E W G L R U W
```

ALL	LAVANDA
ANET	MARDUIX
AROMÀTIC	MENTA
ALFÀBREGA	ORENGA
CULINÀRIA	JULIVERT
ESTRAGÓ	QUALITAT
FONOLL	ROMANÍ
FLOR	FARIGOLA
JARDÍ	VERD
INGREDIENT	SAFRÀ

43 - Danza

```
Q L W L N K V P X A I C À R G B
S Y I K B I H L N K E O R U Z U
R I T M E M N Y R A B R T T H K
E X D T L F Y C D K L E G E M Q
Z J X I A H W K O Ç O E E N G
W A Q M U P R G T M O G X Q L L
U U E Z S F F R E W L R P A A A
L A N O I C I D A R T A R S R A
Z I R E V G P I R Z R F E S U E
N M A U S G Q F U Z N I S A T M
S È U T T O C I T D G A S I L O
U D V R R L C I S D T Q I G U C
S A L T A R U I O N P K U G C I
O C L A K Z Y C P I M P Q N F Ó
C A C I S Ú M O V I M E N T V K
W L D E C L À S S I C C N G Z Y
```

ACADÈMIA
ART
CLÀSSIC
SOCI
COREOGRAFIA
COS
CULTURA
CULTURAL
EMOCIÓ
EXPRESSIU

ALEGRE
GRÀCIA
MOVIMENT
MÚSICA
POSTURA
ASSAIG
RITME
SALTAR
TRADICIONAL
VISUAL

44 - Biologia

```
B K R V K I S E T N Í S O T O F
A Y È Y T V Ç J A N O M R O H
C U P I N O M I Z N E C T V Q X
T I T Q N W B G O O U Y W L N O
E W I D Y Y I D L A R U T A N J
R H L T A M O S O M O R C L S O
I S O M S O S D A M N A A · S L
S N D R W J I N E G A L · L O C
S R E E M B R I Ó Ç N D U E K E
I Z R R M G W T Ç R Ï W F C L V
N R Ç E V U B J E U E P O M P O
A Q G F J I T V R E T T N C O L
P W G Í V Ç X A I M O T A N A U
S S Q M B L K Ç C P R P L A H C
I V H A Ç H I T R I P L V O Z I
I O U M J I K V J C Ó L H Z Y Ó
```

ANATOMIA	MUTACIÓ
BACTERIS	NATURAL
CEL·LA	NERVI
COL·LAGEN	NEURONA
CROMOSOMA	HORMONA
EMBRIÓ	OSMOSI
ENZIM	PROTEÏNA
EVOLUCIÓ	RÈPTIL
FOTOSÍNTESI	SIMBIOSI
MAMÍFER	SINAPSI

45 - Attività Commerciale

```
I  A  H  M  P  Y  E  X  A  Ç  I  B  S  F  F  X
E  J  T  O  R  K  C  P  H  M  S  W  C  D  L  C
Z  L  O  N  E  S  O  S  S  E  R  G  N  I  Z  G
C  J  Z  E  S  M  N  L  P  D  C  I  T  Z  W  P
L  U  L  D  S  E  O  S  D  L  S  V  G  J  I  V
K  P  R  A  U  D  M  V  I  J  D  T  X  P  R  H
I  C  H  G  P  V  I  X  T  O  W  S  H  I  A  Ó
A  G  I  T  O  B  A  A  R  E  R  R  A  C  S  I
C  V  T  Q  S  M  E  R  C  A  D  E  R  I  E  S
I  E  O  T  T  L  C  W  E  Y  Y  N  P  F  R  R
R  N  G  A  N  I  C  I  F  O  C  I  J  E  P  E
B  D  A  E  T  P  M  O  C  S  E  D  M  N  M  V
À  A  B  L  F  I  N  A  N  C  E  S  W  E  E  N
F  K  E  P  R  I  H  B  X  M  R  F  V  B  P  I
B  M  W  M  T  R  A  N  S  A  C  C  I  Ó  V  I
I  D  C  E  M  P  R  E  S  A  C  O  S  T  Ç  C
```

PRESSUPOST	BOTIGA
CARRERA	BENEFICI
COST	INGRESSOS
EMPRESARI	DESCOMPTE
EMPLEAT	EMPRESA
ECONOMIA	DINERS
FÀBRICA	TRANSACCIÓ
FINANCES	OFICINA
INVERSIÓ	MONEDA
MERCADERIES	VENDA

46 - Fiori

```
P  S  N  E  R  G  L  A  D  U  J  U  O  Y  U  C
Y  L  J  L  O  V  È  R  T  Y  X  J  T  B  O  A
E  P  U  X  S  G  I  R  A  S  O  L  U  C  I  L
H  D  Í  M  A  S  S  E  G  Q  R  O  L  E  N  È
H  I  L  I  E  P  È  T  A  L  A  P  I  S  G  N
L  I  A  D  I  R  A  G  R  A  M  B  P  K  T  D
I  R  B  B  H  Ç  I  S  H  I  H  W  A  Z  H  U
L  I  V  I  Ç  W  L  A  I  D  Í  U  Q  R  O  L
A  L  Q  M  S  D  G  M  D  X  R  H  I  V  B  A
B  L  R  D  X  C  T  O  P  N  O  E  I  J  O  I
R  O  S  E  L  L  A  N  M  A  A  W  Ç  K  U  N
M  A  G  N  Ò  L  I  A  M  Ç  I  V  W  E  A  È
D  E  N  T  D  E  L  L  E  Ó  H  A  A  P  N  D
P  E  Ò  N  I  A  X  Ç  X  L  W  E  U  L  P  R
G  F  P  K  C  D  R  N  Ç  G  T  M  X  F  Y  A
S  W  Q  G  S  P  Ç  N  O  A  G  Ç  L  Z  T  G
```

CALÈNDULA	MARGARIDA
DENT DE LLEÓ	RAM
GARDÈNIA	ORQUÍDIA
GESSAMÍ	ROSELLA
LLIRI	PEÒNIA
GIRA-SOL	PÈTAL
HIBISC	PLUMERIA
LAVANDA	ROSA
LILA	TRÈVOL
MAGNÒLIA	TULIPA

47 - Filantropia

```
C B G N E C E S S I T A T Q E I
O A I R Ò T S I H B D X K W N T
N A I T U T I W C T P U W R E Z
T S Y A H P H L H S Y Ú J Q N W
A E T M R Y S E T E M B B E S D
C D F I N A N C E S F A M L O O
T A T I R A C C Z Ç K X W S I V
E R U J I G T O J F J G K E F C
S N N C B N V M J O V E N T U T
W O Z U C O U U I F M E Ç P G S
K H V O V B U N Q N O Z Q E T H
I M I S S I Ó I K C X N W R F I
G L O B A L I T G U X C S K K O
A R Y W S E M A R G O R P B P E
O I E D Q E Ç T A T I N A M U H
G E N E R O S I T A T G E N T W
```

NENS
NECESSITAT
CARITAT
COMUNITAT
CONTACTES
FINANCES
FONS
GENEROSITAT
JOVENTUT
GLOBAL

GRUPS
MISSIÓ
METES
HONRADESA
GENT
PROGRAMES
PÚBLIC
REPTES
HISTÒRIA
HUMANITAT

48 - Ecologia

```
V  Ç  S  T  A  T  I  N  U  M  O  C  T  R  E  U
S  E  X  A  S  E  L  A  R  U  T  A  N  A  S  B
E  L  G  T  A  T  I  B  À  H  U  V  O  R  P  M
Q  B  H  E  À  T  M  A  R  Í  N  F  G  L  È  Y
U  I  C  I  T  A  T  I  S  R  E  V  I  D  C  S
E  N  W  R  N  A  J  Y  R  W  R  D  K  F  I  M
R  E  M  A  A  R  C  E  B  E  J  G  M  G  E  G
A  T  V  V  P  O  K  I  A  Z  C  Q  L  Ç  J  L
A  S  A  X  B  L  Z  T  Ó  Ç  M  U  A  J  L  O
W  O  X  O  F  C  L  I  M  A  U  R  G  R  B
L  S  E  T  N  A  L  P  W  K  E  A  U  S  F  A
V  O  L  U  N  T  A  R  I  S  G  Q  T  F  O  L
S  U  P  E  R  V  I  V  È  N  C  I  A  A  C  S
S  V  J  Z  M  D  G  A  Z  W  U  I  N  U  T  Ç
J  W  H  K  O  Ç  Ç  H  S  Ç  D  E  H  N  U  V
W  P  R  X  Q  X  L  Ç  Ç  N  E  E  J  A  Ç  F
```

CLIMA	PANTÀ
COMUNITATS	PLANTES
DIVERSITAT	RECURSOS
FAUNA	SEQUERA
FLORA	SUPERVIVÈNCIA
GLOBAL	SOSTENIBLE
HÀBITAT	ESPÈCIE
MARÍ	VARIETAT
NATURALESA	VEGETACIÓ
NATURAL	VOLUNTARIS

49 - Discipline Scientifiche

```
A I G O L O R O E T E M Ç Y I T
C Z F A I G O L A R E N I M M E
I O A C N P A C I N À T O B M R
M O I I G D S N R B A M Ç D U M
Í L G M Ü Y D I A K I N I V N O
U O O Í Í Z V X C T G T S Q O D
Q G L U S X R A L O O N H B L I
A I O Q T X Y I B B L M U M O N
G A I O I L Z M A K O O I J G À
B E C I C B E O B M C S G A I M
E Z O B A C I N À C E M N I A I
A E S L A I G O L O E U Q R A C
X A I G O L O R U E N J J P S A
W J N E O G W T M K U S V P C Ç
A I G O L O I S I F N Z M I Ç K
B M V C Y K V A I G O L O I B A
```

ANATOMIA
ARQUEOLOGIA
ASTRONOMIA
BIOQUÍMICA
BIOLOGIA
BOTÀNICA
QUÍMICA
ECOLOGIA
FISIOLOGIA
GEOLOGIA

IMMUNOLOGIA
LINGÜÍSTICA
MECÀNICA
METEOROLOGIA
MINERALOGIA
NEUROLOGIA
PSICOLOGIA
SOCIOLOGIA
TERMODINÀMICA
ZOOLOGIA

50 - Scienza

```
E  S  E  L  U  C  Í  T  R  A  P  C  H  Z  C  Y
X  H  V  G  I  D  S  E  W  R  J  I  L  T  R  M
P  I  O  N  H  S  C  F  U  L  Y  D  H  I  G  A
E  P  L  Ç  N  W  S  Y  O  Y  M  K  C  K  M  L
R  Ò  U  V  R  Y  K  Ò  Q  T  V  È  N  I  H  A
I  T  C  O  D  C  I  C  F  O  Z  G  T  X  N  C
M  E  I  R  O  T  A  R  O  B  A  L  W  O  J  A
E  S  Ó  A  N  A  C  Ç  L  R  L  D  T  I  D  S
N  I  Y  C  Y  Ó  I  C  A  V  R  E  S  B  O  E
T  Y  T  Q  Y  S  S  E  D  A  D  F  L  E  À  L
U  B  B  U  C  P  Í  H  Z  A  A  Ç  A  E  T  A
X  S  V  Í  H  Z  F  X  Q  B  Ç  Y  R  Ç  O  R
M  L  E  M  S  I  N  A  G  R  O  B  E  V  M  U
C  Ç  I  G  R  A  V  E  T  A  T  N  Q  R  T
N  J  U  C  I  F  Í  T  N  E  I  C  I  P  C  A
J  M  O  L  È  C  U  L  E  S  P  Q  M  Q  Ç  N
```

ÀTOM
QUÍMIC
CLIMA
DADES
EXPERIMENT
EVOLUCIÓ
FET
FÍSICA
FÒSSIL
GRAVETAT

HIPÒTESI
LABORATORI
MÈTODE
MINERALS
MOLÈCULES
NATURALESA
ORGANISME
OBSERVACIÓ
PARTÍCULES
CIENTÍFIC

51 - Imbarcazioni

```
W  S  L  G  W  C  E  K  Z  I  C  À  Ç  U  J  F
I  A  P  Ç  Q  F  G  N  K  P  Q  N  T  U  I  K
A  R  D  P  X  V  L  V  M  A  R  C  A  I  A  C
W  Q  E  Z  J  E  Z  E  B  I  N  O  B  R  S  X
Ç  R  V  L  J  P  B  L  I  O  X  R  V  J  S  T
V  W  M  A  Z  F  B  E  R  B  C  A  O  N  A  C
E  N  I  M  Z  Q  P  R  S  B  H  Ç  O  Q  B  I
I  S  F  T  R  I  P  U  L  A  C  I  Ó  C  Q  T
J  Z  E  Q  E  J  R  O  T  O  M  L  E  S  E  U
U  M  Z  E  N  E  A  R  S  U  H  C  I  O  T  À
Ç  N  T  A  I  N  Ç  A  E  R  A  M  S  M  U  N
M  G  Y  L  R  N  C  D  N  F  J  B  M  G  Z  T
D  L  Z  K  A  X  B  R  O  X  Y  Y  C  B  T  H
U  B  V  Ç  M  P  F  O  P  M  K  O  H  G  A  J
S  I  E  Y  I  X  H  C  A  L  L  F  S  I  S  V
E  Q  K  L  G  Ç  U  P  C  O  O  E  Q  B  T  X
```

PAL
ÀNCORA
VELER
BOIA
CANOA
CORDA
TRIPULACIÓ
RIU
CAIAC
LLAC

MAR
MAREA
MARINER
MOTOR
NÀUTIC
OCEÀ
ONES
FERRI
IOT
BASSA

52 - Chimica

```
O A E P C X G B S À W J H E C B
H X K S I J J Z U H C V Ç N A M
B R I E L E C T R Ó Ç I I Z L P
V A D G B A Y B M U K K D I O Z
H L R Q E J T G O P N Ç O M R R
J M S E P N H X A O N X E V H O
L S A G M A Q A C K L Í Q U I D
Y H L D Y H W L X P R L A K N A
O G G O A I Z U R A K A T H O Z
C R F V I Ó X C N J X C Ò Ç B T
Y O G O J G N È D G B L M C R I
X L X À N U C L E A R A I P A L
V C B D N E G O R D I H C Ç C A
W R Q V W I T M M C W A V U X T
Y Ç G N A E C H R W A K X R G A
T E M P E R A T U R A E P O Y C
```

ÀCID
ALCALÍ
ATÒMIC
CALOR
CARBONI
CATALITZADOR
CLOR
ELECTRÓ
ENZIM
GAS

HIDROGEN
IÓ
LÍQUID
MOLÈCULA
NUCLEAR
ORGÀNIC
OXIGEN
PES
SAL
TEMPERATURA

53 - Api

```
M Y D X H M J M I S B L R D S S
E I X A M À P D V O J M U D N P
F L O R A Q B Y L L B C S J W I
F E F T U N G I I V I F C S L Q
F R N A R E C K T J F L U R Ç P
K X U T S A P V R A J N E M I U
M A N I E R O S A U T L Ç V G B
V Z X S T V L E M J A R D Í K E
L A R R N A · L E T C E S N I N
S V Q E A B L A T N L K R W X E
F J Q V L O E B S T Q C O N I F
W U B I P K N C I K H Ç L S I I
C H M D D O P R S N H F F Y J C
Z D F M A K Z O O H C T Ç Y Q I
L O S R P K H Z C R Y I T W O Ó
M M N A V U N R E X U A W W C S
```

ALES	FUM
RUSC	JARDÍ
BENEFICIÓS	HÀBITAT
CERA	INSECTE
MENJAR	MEL
DIVERSITAT	PLANTES
ECOSISTEMA	POL·LEN
FLORS	REINA
FLOR	EIXAM
FRUITA	SOL

54 - Strumenti Musicali

```
O B O È R G O N G Ç R P W D Q E
X B J S V Ó I S S U C R E P F K
M A R I M B A T E R E D N A P H
J T K D P M M P M A Q H H A T S A
P E O G N O Z N A O X D P U A R
Q P C G L R P H V H H Í R A X M
Ç M X R A T E N I R A L C L O Ò
U O H H E F R V Y E H O O F F N
R R V I O L O N C E L I W E O I
L T T H V L H L I U U V Z T N C
T A S C M W M A N D O L I N A A
B A G U I T A R R A M N G Z D B
A K M B A N J O Ç S Q N A S A M
X J Z B E C A X Z Q V N W I R T
W P R F O Z V Z I M Ç L Y Ç P H
P Z S X H R G L M J I T W V A G
```

HARMÒNICA
ARPA
BANJO
GUITARRA
CLARINET
FAGOT
FLAUTA
GONG
MANDOLINA
MARIMBA

OBOÈ
PERCUSSIÓ
PIANO
SAXOFON
PANDERETA
TAMBOR
TROMPETA
TROMBÓ
VIOLÍ
VIOLONCEL

55 - Professioni #2

```
C V H J M U O K F Q T S K I F A
J A R D I N E R I L F Q D R W S
P T W O P G I W L M C O G A Y T
I S P A D R C Ç Ò U T N I C F R
N I R Y U A B T S F C H Y E D O
T Ü O S I P G À O M T R X T N N
O G F M K M D I F B D R Ç O Y A
R N E S C Q E G T E M M Ç I U U
M I S R O D A R T S U L · L I T
D L S A U N L U O I E O T B T A
I G O B I M X R L H G V X I C K
S Z R E Y V S I I T C S N B E H
Z O Ò L E G D C P F T R Q I T K
D E N T I S T A E N G I N Y E R
D V E I N V E N T O R T V V D Ç
F O T Ò G R A F B I Ò L E G H C
```

ASTRONAUTA
BIBLIOTECARI
BIÒLEG
CIRURGIÀ
DENTISTA
DETECTIU
FILÒSOF
FOTÒGRAF
JARDINER
IL·LUSTRADOR

ENGINYER
PROFESSOR
INVENTOR
LINGÜISTA
METGE
PILOT
PINTOR
INVESTIGADOR
ZOÒLEG

56 - Letteratura

```
R  H  C  Q  B  A  H  I  I  S  I  L  À  N  A  C
A  S  D  W  I  M  N  C  C  F  B  Y  N  O  C  O
E  I  V  W  O  E  G  A  Q  E  D  J  J  V  O  M
F  A  M  Q  G  T  K  G  L  I  T  S  E  E  N  P
E  G  I  M  R  A  W  Ç  R  O  T  U  A  L  C  A
R  Ó  I  G  A  C  N  J  V  K  G  Ç  V  ·  L  R
E  I  O  C  F  C  X  È  T  C  P  I  P  L  U  A
N  C  M  G  I  M  D  B  C  B  P  G  A  A  S  C
È  P  R  A  A  W  P  Q  C  D  F  U  D  N  I  I
G  I  D  I  À  L  E  G  O  Y  O  Ç  M  Q  Ó  Ó
T  R  S  V  Z  U  M  S  P  K  B  T  X  G  T  U
X  C  T  A  K  D  T  J  I  V  Z  A  A  X  J  Y
I  S  P  O  È  T  I  C  N  D  S  Z  B  Q  Q  B
M  E  T  À  F  O  R  A  I  P  O  E  M  A  H  S
I  D  Z  A  U  F  A  G  Ó  H  X  Ç  V  C  E  X
U  Ç  Ç  R  B  G  T  R  A  G  È  D  I  A  Q  S
```

ANÀLISI
ANALOGIA
ANÈCDOTA
AUTOR
BIOGRAFIA
CONCLUSIÓ
COMPARACIÓ
DESCRIPCIÓ
DIÀLEG
GÈNERE

METÀFORA
OPINIÓ
POEMA
POÈTIC
RIMA
RITME
NOVEL·LA
ESTIL
TEMA
TRAGÈDIA

57 - Cibo #2

```
R S W S Q N A T À L P D P U P U
A O A N T E U Q À M O T E A A P
H C I R E R A D M P L N I P F E
N X N A L H J O O Ï L M X N K A
B R Í R O X C B W D A P P H R W
L Q G Z B Q Q R R A S R G N R H
C I R G R K O Ò E G T A M R O F
C I E X L F U Q Ç P R A M O P J
A D B Z I O N U X W E T L K K G
P V L P K U F I V V K A Ç B Ç D
I E A P R Ç A L W O T L I Y M Z
A R R Ò S J G M K I P O B C D R
I O G U R T Y T H I K C I A G R
L G Q W D Y N D F Y P O I Z Q C
T G U Ç J H Y U Y A P X U P S P
P E R N I L L A P U Ç O S Y Y R
```

PLÀTAN	PA
BRÒQUIL	PEIX
CIRERA	POLLASTRE
XOCOLATA	TOMÀQUET
FORMATGE	PERNIL
BOLET	ARRÒS
BLAT	API
KIWI	OU
POMA	RAÏM
ALBERGÍNIA	IOGURT

58 - Nutrizione

```
M  B  U  S  J  B  E  K  R  K  V  F  S  D  T  C
V  I  T  A  M  I  N  A  I  Ç  T  W  P  N  O  O
K  B  E  N  N  V  K  L  Y  L  C  P  T  X  M
Z  Z  G  B  C  T  J  Y  H  B  H  W  E  I  I  E
C  R  S  R  Y  P  N  U  T  R  I  E  N  T  N  S
D  I  E  T  A  S  L  A  S  Q  O  L  Q  E  A  T
C  D  P  A  E  M  R  N  E  U  Q  B  F  P  U  I
A  I  L  R  I  B  A  V  I  A  N  A  A  A  N  B
L  G  Í  B  R  S  B  B  C  L  I  D  J  S  J  L
O  E  Q  I  U  X  O  W  È  I  S  U  G  B  L  E
R  S  U  L  Ç  E  Y  M  P  T  Z  L  N  X  U  S
I  T  I  I  O  T  Q  S  S  A  I  A  V  G  D  A
E  I  D  U  K  N  D  S  E  T  A  S  R  J  P  L
S  Ó  S  Q  F  E  R  M  E  N  T  A  C  I  Ó  U
J  Z  S  E  N  Ï  E  T  O  R  P  V  O  M  E  T
K  K  E  P  T  Q  J  K  R  A  X  U  Z  E  E  T
```

AMARG	NUTRIENT
APETIT	PES
EQUILIBRAT	PROTEÏNES
CALORIES	QUALITAT
COMESTIBLE	SALSA
DIETA	SALUT
DIGESTIÓ	SALUDABLE
FERMENTACIÓ	ESPÈCIES
SABOR	TOXINA
LÍQUIDS	VITAMINA

59 - Matematica

```
F F G J E L Q E Q U A C I Ó D C
A R R Ç F M Q U R G L P D Q I N
N W A N Z Ç G R A V J C A P À Y
G F I C U X K T L D I G R G M K
L P R K C J P L U N R R C E E R
E N T N S I Y E C Z B A K O T E
S U E L S Ç Ó R I K R I T M R C
W N M P I Ç Y T D T T N X E E T
T R I A N G L E N D N M M T V A
N O S E B S C M E E E E K R O N
G Y P D G U C Í P N N C Q I L G
K S Ç B R M O R R T O K I A U L
P W R Ç B A W E E W P D P M M E
D I V I S I Ó P P U X D Y O A N
P A R A L · L E L B E T N W T L
A R I T M È T I C A P F X K T E
```

ANGLES
ARITMÈTICA
DECIMAL
DIÀMETRE
DIVISIÓ
EQUACIÓ
EXPONENT
FRACCIÓ
GEOMETRIA
PARAL·LEL

PERÍMETRE
PERPENDICULAR
QUADRAT
RADI
RECTANGLE
SIMETRIA
SUMA
TRIANGLE
VOLUM

60 - Meditazione

```
S  R  P  H  C  Ó  I  C  A  V  R  E  S  B  O  E
I  F  E  L  N  C  M  R  L  U  W  C  F  Ç  Ç  M
L  S  R  I  N  F  J  Q  T  A  D  N  O  B  U  O
E  Z  S  E  Y  D  Q  N  R  P  R  U  Z  X  Q  C
N  L  P  V  Y  Ó  I  C  A  T  P  E  C  C  A  I
C  G  E  M  E  N  T  A  L  M  X  G  D  G  T  O
I  S  C  C  W  M  F  Ç  A  E  J  T  P  A  U  N
B  T  T  Z  O  G  K  C  Z  N  J  B  I  R  T  S
Ó  N  I  V  X  M  W  X  L  T  J  G  P  U  M  P
I  E  V  L  F  I  P  S  W  S  S  Q  J  T  O  I
C  M  A  A  S  E  L  A  R  U  T  A  N  S  V  U
N  A  Y  C  U  A  Ç  P  S  W  R  H  B  O  I  N
E  S  L  R  H  O  I  D  T  S  N  U  M  P  M  E
T  N  E  M  Ï  A  R  G  A  C  I  S  Ú  M  E  Q
A  E  G  D  A  L  O  A  Z  Z  J  Ó  P  E  N  S
F  P  R  E  S  P  I  R  A  C  I  Ó  P  T  T  W
```

ACCEPTACIÓ
ATENCIÓ
CALMA
CLAREDAT
COMPASSIÓ
EMOCIONS
BONDAT
AGRAÏMENT
MENTAL
MENT

MOVIMENT
MÚSICA
NATURALESA
OBSERVACIÓ
PAU
PENSAMENTS
POSTURA
PERSPECTIVA
RESPIRACIÓ
SILENCI

61 - Antiquariato

```
C V C E G L I E J E J Y I O S V
O E O S X A S Z C I T N È T U A
Q L N C I I Y O U M J C I R X L
K L D U E R B R I Ç O G B A E O
E B I L Z E H Q T N E B I I S R
S H C T K S E D A C È D L R A G
T G I U K T Q M R I X P R E T I
I I Ó R K A U Q O M B F S L S W
L N Ç A D U A S C N A C J A A B
N U W P M R L E E V E O C G H J
Q S W L U A I L D G D D F H B F
Q U X P W C T E J R L X E I U A
T A S Q D I A G U T E E G S S L
C L E U K Ó T A I N V E R S I Ó
J Ç G D V Q X N U V Ç V Y Q E H
P R E U J Y Z T G T M C I P Y C
```

ART
SUBHASTA
AUTÈNTIC
CONDICIÓ
DÈCADES
DECORATIU
ELEGANT
GALERIA
INUSUAL
INVERSIÓ

MOBLES
MONEDES
PREU
QUALITAT
RESTAURACIÓ
ESCULTURA
SEGLE
ESTIL
VALOR
VELL

62 - Escursionismo

```
L Q B A V Q A M D J Y W P Y B J
C K Ç W B H V U C S U V C C D J
P C V D F S Y N L F U E V J U F
T R À H I O H T C Y G G X R N S
A R E M I C T A G E S A Y N E P
M E G P P S F N U A G W F K A A
F R T L A I W Y I K Q G D B B F
C C A M G R N A E Z I I F N Z F
G G V X V A A G S X A M Q F F M
P C L T F Ó I C A T N E I R O A
E E A S O L C W I C L I M A B P
J W S C R A P T K Ó H X V A O A
N J U A S E L A R U T A N I T S
H D M U T A S N A C V A C G E V
A N I M A L S N F F Ç O P U S Ç
A N W I P E D R E S J J C A V M
```

AIGUA	RISCOS
ANIMALS	PESAT
CÀMPING	PEDRES
CLIMA	PREPARACIÓ
GUIES	PENYA-SEGAT
MAPA	SALVATGE
MUNTANYA	SOL
NATURALESA	CANSAT
ORIENTACIÓ	BOTES
PARCS	CIMERA

63 - Professioni #1

```
A A S T R Ò N O M P A E B A M G
B R O D A Ç A C M I M N A D Q A
S A T S I P M A L A B T N V S N
F I L I N Y I P T N A R Q O L X
R Ç W L S F D W W I I E U C S Y
A H A C A T Y K L S X N E A F M
R R R N Ç R A H R T A A R T Q I
C G E L Ò C I S P A D D Q H R C
X E M F P W F N B E O O T H D I
E L R E I O J P A R R R T S O E
P Ò E F A R M A C È U T I C H N
M E F Q E D I T O R V K H X P T
C G N V E T E R I N A R I O N Í
V Ç I J C A R T Ò G R A F M I F
C M N O C V B I Ç M Ú S I C R I
Q C C N U W M Z M D C M F Y O C
```

ENTRENADOR	FARMACÈUTIC
AMBAIXADOR	GEÒLEG
ARTISTA	JOIER
ASTRÒNOM	LAMPISTA
ADVOCAT	INFERMERA
BALLARINA	MÚSIC
BANQUER	PIANISTA
CAÇADOR	PSICÒLEG
CARTÒGRAF	CIENTÍFIC
EDITOR	VETERINARI

64 - Antartide

```
J Ç C L U Z P A Z R E U M E M T
N X A I D A B X J G Z E K X E O
K N W S E R E C A L G K Z P D P
J E T K C N D E R I D P C E I O
G H N D S G T S L O V Ú N D A G
M N E N T Ç F Í S Z C T J I M R
T Z N K X A P X F J Z Ó E C B A
Y Ó I C A R G I M I C H S I I F
F A T O U L D A Ç R C U U Ó E I
S C N U G X U A Y G T T B Z N A
L J O B I M Y S E N E L A B T M
Q Ç C N A F M I N E R A L S I T
G E O G R A F I A Í G E L S L I
R O D A G I T S E V N I S L L C
C V S P X A R U T A R E P M E T
C O N S E R V A C I Ó H P R S S
```

AIGUA

MEDI AMBIENT

BADIA

BALENES

CONSERVACIÓ

CONTINENT

GEOGRAFIA

GLACERES

GEL

ILLES

MIGRACIÓ

MINERALS

NÚVOLS

PENÍNSULA

INVESTIGADOR

ROCÓS

CIENTÍFIC

EXPEDICIÓ

TEMPERATURA

TOPOGRAFIA

65 - Libri

```
Ç X W A E H E D K H C X L N L C
C C H V S P I V T U F U G O E O
X V I E C C F S S A X N Q V C L
P H S N R Z E A T W Z H H E T ·
U M T T I U I M N Ò G O Y L O L
I Ç Ò U T S È R I E R Y A · R E
K Q R R O D A R R A N I R L O C
H G I A C I P È D K J E A A T C
K Ç C T R À G I C A D H I V U I
R E L L E V A N T H U D S I A Ó
H U M O R Í S T I C A X E T N C
P N N Z C L D J W Q L S O N I Z
T J Ç C O N T E X T I Y P E G P
Y T W V X N Y N R N T C T V À R
L I T E R A R I S X A Z Z N P Y
E Ç I Y N Q N G H J T X N I R W
```

AUTOR
AVENTURA
COL·LECCIÓ
CONTEXT
DUALITAT
ÈPICA
INVENTIVA
LITERARI
LECTOR
NARRADOR

PÀGINA
POESIA
RELLEVANT
NOVEL·LA
ESCRIT
SÈRIE
HISTÒRIA
HISTÒRIC
TRÀGIC
HUMORÍSTIC

66 - Geografia

```
C  J  I  Z  J  H  X  V  B  X  S  Y  Y  R  X  M
R  I  O  C  B  I  N  M  K  B  Í  U  Ç  K  I  Y
E  M  U  E  P  G  D  A  Y  N  A  T  N  U  M  N
G  A  I  T  S  S  E  L  T  A  P  J  Ó  T  M  C
I  P  R  D  A  T  R  T  I  L  U  D  M  L  W  O
Ó  A  V  S  R  T  K  I  D  L  R  J  S  M  U  N
E  R  S  V  H  H  B  T  K  I  S  Y  B  H  H  T
Z  S  E  Q  V  T  H  U  K  À  U  L  F  M  E  I
Q  C  G  U  G  U  R  D  U  T  I  T  A  L  M  N
T  E  R  R  I  T  O  R  I  H  I  D  Z  Y  I  E
L  O  N  G  I  T  U  D  V  X  C  R  I  F  S  N
J  Ç  Q  M  D  J  G  J  W  O  Q  O  P  R  F  T
S  O  N  A  H  Ç  M  E  F  L  F  N  D  A  E  U
J  S  U  D  D  U  A  L  M  T  T  G  G  M  R  M
N  Y  G  V  X  B  J  E  I  L  L  K  P  H  I  Z
C  J  B  X  W  A  Y  M  L  C  Y  D  J  B  R  X
```

ALTITUD	MAR
ATLES	MERIDIÀ
CIUTAT	MÓN
CONTINENT	MUNTANYA
HEMISFERI	NORD
RIU	OEST
ILLA	PAÍS
LATITUD	REGIÓ
LONGITUD	SUD
MAPA	TERRITORI

67 - Cibo #1

```
P C A N Y E L L A F L Y L L E T
X A T N E M C E L W P W Z Q A O
P N S W H K A S L J V E L C Z S
P I M T C Q R P I N B V R Z L U
D Y P D Í M N I M W J N B A A B
X N A L L S S N O N F A I G I I
U O S U C R E A N N V P T E G T
S T U P O S I C A R J Q W R N N
W W E C E B A S Ç K W X L B O M
W M S A L A M A N I D A K À S K
X V A U Y U R S O R D I L F H Y
K R I D P A S T A N A G A L E D
K S U C U Z B A L I I F T A G V
S Q J P U I G V B B M H Y N Y H
L V B U O Z X E Y D G J K K Q O
S D O J W Ç W A O V D P Ç Y R I
```

ALL	MENTA
ALFÀBREGA	ORDI
CANYELLA	PERA
CARN	NAP
PASTANAGA	SAL
CEBA	ESPINACS
MADUIXA	SUC
AMANIDA	TONYINA
LLET	PASTÍS
LLIMONA	SUCRE

68 - Etica

```
E Q I G V J O Ó I S S A P M O C
N G D I A A I C N À R E L O T T
Ç K D D L B E K T S A V I E S A
H R D X O F E I E D I R D M Ó T
O O B U R I M B G I C F I S U I
B G N O S I S H R P N I G I T L
E E I R N K I H I L È L N U C A
J G N K A D L V T O I O I R E N
R D L È H D A S A M C S T T P O
J V R U V L E T T À A O A L S I
X Z Z D A O R S F T P F T A E C
L P R J O R L T A I W I V F R A
R A O N A B L E Q C J A W Q T R
C O O P E R A C I Ó I R Q W W V
O P T I M I S M E K X Z S E S W
D N H U M A N I T A T W U T V E
```

ALTRUISME
BENÈVOL
COMPASSIÓ
COOPERACIÓ
DIGNITAT
DIPLOMÀTIC
FILOSOFIA
BONDAT
INTEGRITAT
HONRADESA

OPTIMISME
PACIÈNCIA
RAONABLE
RACIONALITAT
REALISME
RESPECTUÓS
SAVIESA
TOLERÀNCIA
HUMANITAT
VALORS

69 - Aeroplani

```
C  G  S  J  A  P  D  A  I  R  E  F  F  C  H  A
R  O  T  U  R  B  U  L  È  N  C  I  A  O  V  L
X  I  M  K  Q  Ç  S  J  S  D  K  F  T  N  R  T
S  D  Y  B  D  R  R  O  T  O  M  Y  S  S  A  U
S  J  G  Ç  U  N  E  G  O  R  D  I  H  T  T  R
M  Z  D  E  T  S  G  Ç  M  G  W  C  J  R  E  A
Z  I  L  Ç  I  N  T  N  E  I  B  M  A  U  R  Ó
Ç  R  C  R  T  E  A  I  A  L  A  O  Ó  C  R  I
G  V  O  D  L  C  S  X  B  N  R  Z  I  C  A  C
G  S  W  Ç  A  S  S  E  L  L  A  F  C  I  T  A
Y  L  A  T  Y  E  A  P  N  E  E  V  C  Ó  G  L
K  X  O  O  J  D  P  G  T  C  N  U  E  L  E  U
E  A  L  B  H  I  S  T  Ò  R  I  A  R  G  Q  P
D  Ç  J  B  U  P  I  L  O  T  Q  A  I  L  A  I
K  T  Ç  J  P  S  F  W  Y  F  R  W  D  L  Q  R
A  V  E  N  T  U  R  A  M  C  Z  F  Ç  P  J  T
```

ALTURA	DESCENS
ALTITUD	TRIPULACIÓ
AIRE	HIDROGEN
AMBIENT	MOTOR
ATERRATGE	NAVEGAR
AVENTURA	GLOBUS
COMBUSTIBLE	PASSATGER
CEL	PILOT
CONSTRUCCIÓ	HISTÒRIA
DIRECCIÓ	TURBULÈNCIA

70 - Governo

```
L C I T D A X G O S Z Y F I S V
N L I V I C L I F D U O V P Í A
I A I U R F U I H T Ç L Z X M R
G I C B T N E M U N O M J E B D
U C P I E A I C Í T S U J D O I
A Ç F O R D D I S C U R S L S
L D U G D N T A L L E I E P W T
T U A N W Q A A N T Q F D N C R
A J W T I E X L T I Z G Í J L I
T L F R A S C F D V A Z L I K C
K Ó I C U T I T S N O C H Z D T
F I S U S A I C À R C O M E D E
V C C W H T D I S C U S S I Ó U
D A I N D E P E N D È N C I A D
S N B M J F G P P O L Í T I C A
P Q H Z K W J E D M Ç Q G P I B
```

LÍDER
CIUTADANIA
CIVIL
CONSTITUCIÓ
DEMOCRÀCIA
DISCURS
DISCUSSIÓ
JUDICIAL
JUSTÍCIA
INDEPENDÈNCIA

LLEI
LLIBERTAT
MONUMENT
NACIONAL
NACIÓ
POLÍTICA
DISTRICTE
SÍMBOL
ESTAT
IGUALTAT

71 - Bellezza

```
M W P P B C E A T I S O R E S O
E À P V E O N A L N L L E P I L
L M S G R L C C Y T O M E X V O
E H I C Q O A I H S X W H E A R
G E S R A R N T C G N P H I L H
A Ç Ç A A R T È E Z Í D T C L I
N X O F H L A M Z M R Ú P M A X
T E V D O T L S Y S O A R Z T T
O V H I F O T O G È N I C A N Ç
S F R A G À N C I A G R À C I A
E E S T I L I S T A O I L F P P
R T P R O D U C T E S L Z B C F
V F X U S T J B M X V D I N C K
E E L E G À N C I A M T A S K A
I J L Y G J Y Ç G I K N G V L E
S I U H D G E D E B X L R T O J
```

COLOR	OLIS
COSMÈTICA	PELL
ELEGANT	PRODUCTES
ELEGÀNCIA	OLOR
ENCANT	RÍNXOLS
TISORES	PINTALLAVIS
FOTOGÈNICA	SERVEIS
FRAGÀNCIA	XAMPÚ
GRÀCIA	MIRALL
MÀSCARA	ESTILISTA

72 - Avventura

```
T G O I G F E N T U S I A S M E
B E L L E S A D Y A R S V E Y H
C B M Y N W Z W N M K R R U W S
Ç P S Q C A R C T O H O P Z U Ó
Ó I C A N I T S E D U Q U O K I
Q T I R V E A U P E R I L L Ó S
J A M P T A T E R U G E S B T R
I T A T I V I T C A L D D A K U
N L I V Q X N A D L L S R I D C
U U T I T W U H F M Z E K C N X
S C N A C N T Ç W O A T S O Ç E
U I E T Y S R F U J F P B A C Y
A F L G Q O O I T I N E R A R I
L I A E H I P N E B G R X S G D
G D V S E J O N A V E G A C I Ó
P R E P A R A C I Ó C P J E R K
```

AMICS
ACTIVITAT
BELLESA
OPORTUNITAT
VALENTIA
DESTINACIÓ
DIFICULTAT
ENTUSIASME
EXCURSIÓ
GOIG

INUSUAL
ITINERARI
NATURALESA
NAVEGACIÓ
NOU
PERILLÓS
PREPARACIÓ
REPTES
SEGURETAT
VIATGES

73 - Forme

```
N E C H J G X E Q P B T G C B C
A D L U Y Q G R U K Ç R C E S M
E A A · B J Q W A J J I A R U M
T X V F L I M A D T M A N C F B
Z V O S F I F A R S U N T L M N
N O G Í L O P V A M C G O E R K
A B R O C Y H S T W L L N U H X
R F T R E N L U E Q M E A V V M
C R E C T A N G L E O A D K P Q
Q J Q E S L Í N I A C Y A D E C
H I P È R B O L A M R M G C V O
I U C D V S G R R S S E R O V S
P I R À M I D E U I K A F N S T
C I L I N D R E T R A A Z S H A
Y K D M U V C E E P C B F K E T
N S D T B I O R D Ç H R C D F K
```

CANTONADA
ARC
VORES
CERCLE
CILINDRE
CON
CUB
CORBA
EL·LIPSE
HIPÈRBOLA

COSTAT
LÍNIA
OVAL
PIRÀMIDE
POLÍGON
PRISMA
QUADRAT
RECTANGLE
ESFERA
TRIANGLE

74 - Oceano

```
M Z O Y L H Q U P L T V E T Y H
B A R C A G U T R O T X I E P X
Y P H N I P P S W L E H A M W F
C G W A R G O P D J U I K P K N
W O A R S X D P N M E C T E U T
X M R C A J N O P S E X A S V Q
Z C J A L I U G N A X Q U T Q K
K L X N L M A R E E S G R A Z T
N N W E U F R N Z Z E A Ó P S G
Z T D L C X T K C M S M N M D T
H Ç Ç A S O S N I B U B C C V K
R T C B E Q O F E R D A G H K E
O M B C I Z Y U M L E O N A S D
T O N Y I N A E V W M F N R V E
I K X J D I G Z Z D O F Í E Z Q
I B T B I P A O V E K B I C S D
```

ANGUILA	OSTRA
BALENA	PEIX
BARCA	POP
CORAL	SAL
DOFÍ	ESCULL
GAMBA	ESPONJA
CRANC	TAURÓ
MAREES	TORTUGA
MEDUSES	TEMPESTA
ONES	TONYINA

75 - Famiglia

```
L  F  Z  Q  O  S  B  J  P  A  R  E  Z  X  D  O
O  P  V  Q  A  V  T  W  B  L  F  H  R  Ç  E  S
O  R  R  Z  R  C  K  O  Z  L  E  B  L  G  R  C
L  F  Y  J  Q  Y  W  Q  S  I  V  A  M  J  Z  P
F  A  N  O  D  N  E  N  Y  F  P  L  V  P  A  Y
V  B  V  Q  M  L  L  D  À  X  A  G  B  J  X  F
C  D  G  A  S  P  C  C  M  B  T  T  N  E  N  S
O  J  L  E  N  O  N  O  R  W  E  Ç  Z  T  V  X
S  H  K  Z  R  T  O  B  E  N  R  G  P  I  I  G
Í  À  V  I  A  M  P  L  G  Y  N  M  A  R  E  A
A  W  U  A  V  P  A  A  X  E  A  Z  J  A  F  N
H  L  Z  C  C  X  L  N  S  G  O  L  I  M  G  G
M  A  T  E  R  N  A  L  A  S  Y  Z  E  D  P  S
B  T  É  L  M  A  S  E  T  N  A  F  N  I  T  U
T  E  N  P  Y  P  T  I  I  Y  Z  T  G  T  Q  P
J  Q  V  E  J  H  S  X  P  R  E  F  Ç  T  G  V
```

AVANTPASSAT	DONA
NENS	NEBOT
NEN	NÉT
COSÍ	ÀVIA
FILLA	AVI
GERMÀ	PARE
INFANTESA	PATERNA
MARE	GERMANA
MARIT	TIA
MATERNAL	ONCLE

76 - Creatività

```
I  I  N  V  E  N  T  I  V  A  V  Ç  S  O  R  A
Z  N  M  E  Q  Ç  Q  P  T  P  Z  H  K  R  N  U
Z  I  S  R  M  G  Ç  Y  X  T  C  B  P  Ó  Ç  T
C  N  E  P  Ó  K  E  D  R  A  M  À  T  I  C  E
L  T  E  O  I  S  G  C  W  Z  Ç  U  Y  S  Ó  N
A  E  D  O  S  R  T  B  P  H  Q  S  D  S  I  T
R  N  I  K  S  J  A  S  W  Z  Y  Q  X  E  C  I
E  S  K  E  E  Q  M  C  I  T  S  Í  T  R  A  C
D  I  X  U  R  F  I  V  I  Y  J  W  Z  P  S  I
A  T  X  Ç  P  M  Y  K  G  Ó  X  R  N  X  N  T
T  A  Y  W  M  I  N  T  U  Ï  C  I  Ó  E  E  A
B  T  Z  Ó  I  C  A  N  I  G  A  M  I  B  S  T
T  I  J  A  N  F  A  H  A  B  I  L  I  T  A  T
E  S  P  O  N  T  A  N  I  Q  U  T  Ç  T  K  W
V  I  S  I  O  N  S  V  I  T  A  L  I  T  A  T
E  M  O  C  I  O  N  S  F  L  U  Ï  D  E  S  A
```

HABILITAT	IMATGE
ARTÍSTIC	IMPRESSIÓ
AUTENTICITAT	INTENSITAT
CLAREDAT	INTUÏCIÓ
DRAMÀTIC	INVENTIVA
EMOCIONS	INSPIRACIÓ
EXPRESSIÓ	SENSACIÓ
FLUÏDESA	ESPONTANI
IDEES	VISIONS
IMAGINACIÓ	VITALITAT

77 - Veicoli

```
A S J M G L Z T K E G G L X O H
U C J A O R S A G C X V G T I E
T O M U F T R A J B F V E Q N L
O O W Q J R O B J T Z E C Ç Z I
B T I Y Y B Ó R O T C A R T I C
Ú E H Z S C I T À M U E N P N Ò
S R M P R X M C E V K G Q C C P
K R V M T S A M I F X P I X A T
B A R C A D C P M C Q I C Z R E
S N T Ç G A I C N À L U B M A R
K U G T D C R D I V N E R T V M
L P B N H R R Ç B X A X T L A X
E V D M Ç W E C O E T T A A N O
A V I Ó A J F N N Ç M O I U A A
M E T R O R B A S S A C T T D C
Q T D B U R Í K E R L D M N O K
```

AVIÓ
AMBULÀNCIA
COTXE
AUTOBÚS
BARCA
BICICLETA
CAMIÓ
CARAVANA
HELICÒPTER
METRO

MOTOR
PNEUMÀTICS
COET
SCOOTER
SUBMARÍ
TAXI
FERRI
TRACTOR
TREN
BASSA

78 - Emozioni

```
S A M L A C D Z K U T Ï A R G A
A A V E Q X Y W B A E J B O P C
V S T E Z K L Q P P N L Ç M H O
O E A I R X Y I C L D V L A W N
R T X V S G D A F W R S L E X T
R S A E B F O Q B N E O D L R I
I I L P K V E Ç I S R G V Ç N
M R E R G N L T Y Q A P L U L G
E T R H B M H A J I I R G K U U
N O K J L L X T E K T E C E S T
T W K R R H H I L P A S U B B A
X M Ç K K W T C F K P A K A B D
C V Q T A N O I C O M E Ç V X N
W I R A G S B L T F I J B T E O
A A T M P T N E E Z S J U E Z B
N S B K L G P F G O I G C P O R
```

AMOR	PAU
FELICITAT	POR
CALMA	IRA
CONTINGUT	RELAXAT
EMOCIONAT	RELLEU
BONDAT	SIMPATIA
GOIG	SATISFET
AGRAÏT	SORPRESA
AVERGONYIT	TENDRESA
AVORRIMENT	TRISTESA

79 - Natura

```
M Z D G E S V X E G P G R C E M
Ç U D E J L I P R D B L E I C B
X J N G Z A T E O R X A N M U F
X D R T L M A V S E K C W À X A
U Y P A A I L U I F O E G N O B
V H P L C N L È Ó U F R D I D E
S Ç C L I A Y R X G H A F D F L
G N J U P K A E D I W X Z V N L
D Ç K F O Q G S S L O V Ú N E E
E U Q U R B E L L E S A Z L X S
S D H Y T X B I N K G B O S C L
E T M Y R Ç U O Q J U O B K C M
R I X H T G G Z I R A U T N A S
T T Y P D Ç X A E R À R T I C L
U F J Ç M S A E G T A V L A S R
X D K P A N A F O D Q A G M Ç A
```

ANIMALS
ABELLES
ÀRTIC
BELLESA
DESERT
DINÀMIC
EROSIÓ
RIU
FULLATGE
BOSC

GLACERA
MUNTANYES
BOIRA
NÚVOLS
REFUGI
SANTUARI
SALVATGE
SERÈ
TROPICAL
VITAL

80 - Balletto

```
C O R E O G R A F I A I B X L G
T È C N I C A B M Ç U Q A E X F
C A G R A C I A T S E G L X Ç U
O O M Y L V C P V N U D L P D R
Z R M Ú P R À C T I C A A R Q G
K N Q P S X B O N R T Ç R E G C
F C V U O C A I Q A A C I S Ú M
A K U W E S U H Q L T P N S H Y
U L E A Y S I L J L I N A I A A
D L N D E L T T S A S V N U B R
I C G T S B W R O B N S H F I T
È Y E M T I R M A R E C Y X L Z
N S C G I A S S A W T T C F I G
C B X F L R N O B S N Ç Z Z T S
I Z S Z A R T Í S T I C E Q A Q
A A P L A U D I M E N T S C T F
```

HABILITAT
APLAUDIMENTS
ARTÍSTIC
BALLARINA
BALLARINS
COMPOSITOR
COREOGRAFIA
EXPRESSIU
GEST
AGRACIAT

INTENSITAT
MÚSCULS
MÚSICA
ORQUESTRA
PRÀCTICA
ASSAIG
AUDIÈNCIA
RITME
ESTIL
TÈCNICA

81 - Paesi #1

```
Y  B  S  H  O  N  V  C  A  Ç  E  G  I  P  T  E
L  A  J  Q  R  O  K  A  L  V  I  E  T  N  A  M
N  A  G  H  S  R  S  M  E  A  C  A  N  A  D  À
V  I  R  A  Q  U  E  B  M  L  Z  D  I  L  A  M
W  E  B  I  Ç  E  N  O  A  M  H  V  N  B  V  V
Í  Y  N  U  M  G  E  D  N  F  A  J  Z  L  Í  N
N  E  I  E  Q  A  G  J  Y  T  U  R  K  Ç  I  L
D  P  H  P  Ç  B  A  A  A  F  Ç  C  R  Q  N  B
I  K  U  K  E  U  L  L  P  H  R  Y  X  O  U  R
A  J  B  B  G  P  E  V  Ç  E  P  C  J  P  C  O
L  B  L  O  E  O  A  L  I  S  A  R  B  C  U  M
R  N  Ç  R  L  L  R  C  A  Y  N  F  G  A  Ç  A
O  P  E  C  W  Ò  S  S  U  E  A  F  I  D  W  N
X  F  F  P  B  N  I  N  B  F  M  V  V  T  W  I
D  A  E  C  S  I  A  I  D  N  À  L  N  I  F  A
J  J  Z  D  U  A  B  N  E  S  P  A  N  Y  A  Y
```

BRASIL
CAMBODJA
CANADÀ
EGIPTE
FINLÀNDIA
ALEMANYA
ÍNDIA
IRAQ
ISRAEL
LÍBIA

MALI
MARROC
NORUEGA
PANAMÀ
POLÒNIA
ROMANIA
SENEGAL
ESPANYA
VENEÇUELA
VIETNAM

82 - Geometria

```
H D E T D T L H S P Ç E Z Ç O D
D O O S B L Ò C Y I Q O W Ç M D
D I R H Ç L G E H B M L H N N S
I P M I M R I R P W M E R W B W
À R C E T E C C F E L T O W X
M O D X N Z A L M Q D · A R K K
E P K I E S O E L F I L B S I G
T O R M M J I N O R A A I U R A
R R M M G B T Ó T Y N R G P V R
E C D K E G V Z N A A A E E E U
L I Ç H S P Q D L B L P Q R R T
G Ó P T E O R I A R L N U F T L
N Ú M E R O S T L O Ç J A Í I A
A I O H H B E L U C L À C C C S
T R I A N G L E O L S M I I A I
Z X G W Ç W Ç B Q L V R Ó E L Y
```

ALTURA
ANGLE
CÀLCUL
CERCLE
CORBA
DIÀMETRE
DIMENSIÓ
EQUACIÓ
LÒGICA
MEDIANA

NÚMERO
HORITZONTAL
PARAL·LEL
PROPORCIÓ
SEGMENT
SIMETRIA
SUPERFÍCIE
TEORIA
TRIANGLE
VERTICAL

83 - Foresta Pluviale

```
B  M  C  Y  D  K  A  I  O  S  E  R  R  Ç  C  M
N  Y  G  A  N  C  Ç  M  O  F  Q  U  F  Ç  O  A
I  N  S  E  C  T  E  S  I  L  F  W  X  B  M  M
C  I  N  À  T  O  B  M  O  L  S  A  J  I  U  Í
O  T  D  J  Y  X  H  J  L  R  C  O  J  X  N  F
N  A  I  C  N  È  V  I  V  R  E  P  U  S  I  E
S  T  N  A  T  U  R  A  L  E  S  A  P  I  T  R
E  I  C  È  P  S  E  N  Ú  V  O  L  S  B  A  S
R  S  N  P  R  E  F  U  G  I  M  X  A  I  T  V
V  R  J  D  R  Z  J  Ç  U  J  X  R  E  F  V  A
A  E  U  O  Í  K  B  E  D  U  Z  Z  P  M  A  L
C  V  N  C  U  G  W  Ç  M  F  J  P  A  A  M  U
I  I  G  E  I  B  E  T  C  E  P  S  E  R  L  Ó
Ó  D  L  L  S  Q  U  N  D  Q  K  Y  S  C  H  S
J  E  A  L  X  Ó  I  C  A  R  U  A  T  S  E  R
O  A  A  S  W  H  H  R  A  V  K  C  U  Ç  F  T
```

AMFIBIS	NATURALESA
BOTÀNIC	NÚVOLS
CLIMA	CONSERVACIÓ
COMUNITAT	VALUÓS
DIVERSITAT	RESTAURACIÓ
JUNGLA	REFUGI
INDÍGENA	RESPECTE
INSECTES	SUPERVIVÈNCIA
MAMÍFERS	ESPÈCIE
MOLSA	OCELLS

84 - Edifici

```
C W U E S T A D I D Ç R F F S O
S I T L A T I P S O H U Y T U D
Ç R N L T G E I T T O R R E P Ç
U O E E B T I Ç B O W X G R E P
N T M T M R E O N G F L L T R K
I A A S P A C S A V R E S A M W
V V T A K C T Y A D N E T E E C
E R R C Y I W T D W O L B T R A
R E A Z I R O T A R O B A L C B
S S P D W B V Q X E Q C P V A I
I B A M G À O L I N G Y D Q T N
T O R Z U F A M A A B K F M B A
A Ç Z Q S S N G B R H O T E L R
T A Q Z Z J E F M G B N E F W C
Z B D M N I D U A M K E A K Z F
E S C O L A U I Y N H Y W V L J
```

AMBAIXADA	HOSPITAL
APARTAMENT	OBSERVATORI
CABINA	ALBERG
CASTELL	ESCOLA
CINEMA	ESTADI
FÀBRICA	SUPERMERCAT
GRANER	TEATRE
HOTEL	TENDA
LABORATORI	TORRE
MUSEU	UNIVERSITAT

85 - Malattia

```
K F B L D N S C L I B È D N F W
X T K V J Z E S V U I C B U X I
I Q Q A V J I U M B M Q U M C M
R O C L B O G O R X O B Ç C O M
A E X Q O A R D P O P Ç A E S U
T C S G Y G È Q T Ç P V U R N N
I O W P Ó U L X B S J A C N V I
D N W P I T · Z S U K G T U D T
E T S U C R L L W Q K T V I J A
R A A L A Q A C I T È N E G A T
E G L M M L M T B E N E S T A R
H I U O A Y E M O R D N Í S J A
D Ó T N L J E U N R D A T M J D
L S R A F Ç R Q A C I N Ò R C Y
R A M R N T E R À P I A M D X R
F L A N I M O D B A V Q I X K G
```

AGUT
ABDOMINAL
AL·LÈRGIES
BENESTAR
CONTAGIÓS
COS
CRÒNICA
COR
DÈBIL
HEREDITARI

GENÈTICA
IMMUNITAT
INFLAMACIÓ
LUMBAR
NEUROPATIA
PULMONAR
RESPIRATORI
SALUT
SÍNDROME
TERÀPIA

86 - Paesi #2

```
G  G  N  D  B  F  F  S  O  D  H  A  O  J  A  I
W  Ç  I  Q  E  X  N  Ó  C  I  X  È  M  X  G  N
R  Z  Z  T  Ç  G  S  B  P  N  I  E  X  M  R  D
S  N  E  P  A  L  Q  I  M  A  I  C  È  R  G  O
J  Í  U  C  R  A  Ï  N  A  M  J  H  Ç  U  U  N
N  A  R  N  L  N  Y  X  I  A  M  A  U  B  G  È
I  R  M  I  O  V  L  D  S  R  A  I  N  Z  A  S
F  L  D  A  Ç  I  T  S  C  I  T  I  E  N  I
Y  A  P  Z  I  Q  D  H  Ú  A  W  Í  G  O  D  A
X  O  K  W  R  C  S  Q  R  I  K  V  È  Y  A  K
Z  S  N  T  È  J  A  S  U  D  A  N  R  V  V  D
E  K  R  D  B  I  R  L  A  N  D  A  I  W  D  M
I  V  E  X  I  A  L  B  À  N  I  A  A  A  Q  R  T
Ç  V  Q  Z  L  P  A  K  I  S  T  A  N  M  J  V
M  F  Q  E  T  I  Ò  P  I  A  S  F  M  M  Z  N
R  C  U  V  P  Z  D  W  U  E  Q  N  Ç  F  N  E
```

ALBÀNIA	LIBÈRIA
DINAMARCA	MÈXIC
ETIÒPIA	NEPAL
JAMAICA	NIGÈRIA
JAPÓ	PAKISTAN
GRÈCIA	RÚSSIA
HAITÍ	SÍRIA
INDONÈSIA	SUDAN
IRLANDA	UCRAÏNA
LAOS	UGANDA

87 - Tipi di Capelli

```
H I B Q S L I A M C D T X V C N
F V L W A E A P U A P T I S M S
U P A P K M L M O L O E L W R E
I Y N W X I U R G B M J Q Ç N C
T V C C U R T W T R J U X G T S
N Y U G T P K S A L U D A B L E
R E N W E L I I N M A K T L X N
R Í G X W L L R Ç U M A T P E
J X N R N I L G R B S I L T O R
P Z S X E S A F T O J N P L B T
Q X N V O Ç R A H R L M A R R Ó
D X Q R F L G N R Z J O O C J M
S H W Z X U S O R L U B C S P M
A R R I S S A T K Y N E C B M U
N X F G U Q K B J P K M K P E H
G G K N E X I N O V H R I J L I
```

PLATA
SEC
BLANC
ROS
CURT
CALB
COLOR
GRIS
TRENAT
LLIS

LLARG
MARRÓ
SUAU
NEGRE
ARRISSAT
RÍNXOLS
SALUDABLE
PRIM
GRUIX
TRENES

88 - Vestiti

```
V P B P A N T A L O N S N Q A D
K E I A L L I D L A F L H P U A
O A S U R B J U T E M D X W F V
I D J T C R J V R Y P L H J P A
Z N A K I D E W S F U L T K C N
W A V V R T S T N A U G I Ç B T
P F A L B J T X A T H U C U D A
D U C Z A W A X X E B U I L F L
L B R B Z M Z H E U T O N R C W
N P Q P Q A A U T Q F G T I A Y
P I I B R M K T A A N X U B M D
P O L S E R A M A J I P R Y I K
Z Ç E T P Z F I B E Ç Ó E S Q
M O D A È T C O L L A R E T A F
M X F W U V Ç D V G F S F Ç Z C
G X L Ç S E I L À D N A S E H R
```

VESTIT   DAVANTAL
POLSERA   GUANTS
BRUSA   TEXANS
CAMISA   SUÈTER
BARRET   MODA
ABRIC   PANTALONS
CINTURÓ   PIJAMA
COLLARET   SANDÀLIES
JAQUETA   SABATA
FALDILLA   BUFANDA

89 - Attività e Tempo Libero

```
M R A C S E P L Q W Q Q Z E J Q
J V X P U F L O G T E U Q S À B
F C O M P R E S I N N E T S V J
C U B B I U J A K A F R R E U A
V À T E E S Q F N X W M A N D R
I P M B Ó I C A T A N D H D P D
A U R P O E S N B L W G H E I I
T N V Q I L O B I E L O V R N N
G I K B L N O I O R F E P I T E
E G L Ç L V G W P L J Q Ç S U R
U N V U B Z I R Z Ç O X T M R I
L P K P Z G E F R T Z Y R E A A
L M U H I L S N O I C I F A U F
C Ç S L K P S A Ç M N T F J M A
S O Y I Y F U R O Z E F M P I O
U V H K C H B Q S N D G I M Q F
```

ART	BUSSEIG
BEISBOL	NATACIÓ
BÀSQUET	VOLEIBOL
BOXA	PESCAR
FUTBOL	PINTURA
CÀMPING	RELAXANT
SENDERISME	COMPRES
JARDINERIA	SURF
GOLF	TENNIS
AFICIONS	VIATGE

90 - Arte

```
B L D G T T L L I Z N E S R K Z
O B I W W V A N R N N R B Ç N T
C O M P O S I C I Ó S Z H Q D O
M G C R Q J S B Q Z O P U S W S
H C X E Q X E L P M O C I O P X
F L M P R Ç O H U M O R S R F M
S U L N B À P I N T U R E S A Q
F J M X O L M M G U Ç A Z R R T
C H M R T N O I Y H X E T I U S
R E T R A T A R C V I R U D T E
P E R S O N A L B A H C P I L N
S U R R E A L I S M E J Ç C U O
E X P R E S S I Ó L L T A U C H
T E M A R F I X S Í M B O L S L
O R I G I N A L A U S I V B E Q
O R N R K W A Ç M U O W T S C L
```

CERÀMICA
COMPLEX
COMPOSICIÓ
CREAR
PINTURES
EXPRESSIÓ
XIFRA
INSPIRAT
HONEST
ORIGINAL

PERSONAL
POESIA
RETRATAR
ESCULTURA
SENZILL
SÍMBOL
TEMA
SURREALISME
HUMOR
VISUAL

91 - Corpo Umano

```
J W Ç U E A I B V J G T O N F P
C U P O T V C O F I C O L A E S
D N K Y Ç M D C J I E P L S L B
J X L C Z C A A U J F H E A I A
O R E L L A C H V W F H M L O I
A D J Y C D R E S E I X R L L U
Y R F I A J B J R O C X U T P A
C O L L P O D Z A V H S T A Q Z
Q E S T Ó M A C M À E C D P F N
C B A R B E T A A F E L S S D K
V O D B L D Ç O C A R A L E I H
H B L E Y S N X B T D O L J T R
U X B Z Q A L D G J K Ç O Ç R X
D G K P E N U R Y C A W N W B W
J E V X Ç G M H C M L I E X A A
G C Y M H K M X R L H Y G M D E
```

BOCA
TURMELL
CERVELL
COLL
COR
DIT
CARA
CAMA
GENOLL
COLZE

MÀ
BARBETA
NAS
ULL
ORELLA
PELL
SANG
ESPATLLA
ESTÓMAC
CAP

92 - Mammiferi

```
N S K G E G F M B Z N C S Z Ç Q
K L L G R C D B Ç E K A I X D G
G Y X A P Q W O Z B B V U Q L R
G U J T Z U G Ç Q R M A J X U I
F O I L L O P Ó S A F L M N Ç Ç
L B R N H Ç F A Z J M L L B G Q
E P U I E W A L U U G G G B T D
B V J B L U A F N M Q M K Z Ç L
A A M T V · E Y F G L S F F X J
L Y L G M L L O V R É C M Ç S M
E A L L E V O A F A R I G G X I
N W I U E B X T A O U J A O F C
A I N R A Ó D O F Í G U J S P O
I W O J E N X I I T N A F E L E
U N C C F G L O A B A X W T G M
E X Ç Y V Q L C Ç Ç C E X Q R T
```

BALENA
GOS
CANGUR
CAVALL
CÉRVOL
CONILL
COIOT
DOFÍ
ELEFANT
GAT

GIRAFA
GORIL·LA
LLEÓ
LLOP
ÓS
OVELLA
MICO
BOU
GUINEU
ZEBRA

93 - Cucina

```
F O R Q U I L L E S X S J Z T C
E S C U R A D E N T S E G V O O
F M M E S P È C I E S Y H X U N
V D Z U U G V E S P O N J A X G
C G P H K E S G L M F J U R Y E
F O R N R N J A B H S P K E C L
T O V A L L Ó N O U N B U V T A
L U G N Ç L R I L G N Z H E A D
C F I B M M G V U A R A V N S O
N U K H Q E E E Y R T A N C S R
M D L G A F I T B R O N E Ç E I
M O P L V B A S J E P L A L S R
E M A D E E U I M G Q Ç Y V L K
K U M G C R R E C E P T A P A A
J U E E F R O D I L L U B O M D
M E N J A R J T C U L L E R E S
```

ESCURADENTS
BULLIDOR
GERRA
MENJAR
BOL
GANIVETS
CONGELADOR
CULLERES
FORQUILLES
FORN

NEVERA
DAVANTAL
GRAELLA
CULLEROT
RECEPTA
ESPÈCIES
ESPONJA
TASSES
TOVALLÓ
POT

94 - Giardinaggio

```
H  U  M  I  T  A  T  F  T  C  I  N  À  T  O  B
Z  X  J  U  I  S  S  G  C  G  O  X  J  Z  J  B
J  B  W  Y  Y  R  N  D  K  Z  C  M  F  U  L  I
I  E  M  U  D  O  H  Z  U  A  R  A  P  R  C  Y
C  U  K  I  U  V  K  M  F  X  K  R  R  O  D  F
S  O  B  B  Y  A  I  C  Í  T  U  R  B  D  S  H
M  L  M  F  U  L  L  A  T  G  E  W  R  I  E  T
K  À  M  E  C  L  I  M  A  L  L  U  F  N  S  A
K  K  N  B  S  H  P  X  O  A  Q  S  D  E  T  I
H  W  O  Ç  T  R  O  H  R  H  I  T  T  A  G
J  W  H  I  G  V  I  U  U  O  B  N  V  N  C  U
R  K  Y  C  L  A  S  B  X  L  K  L  A  O  I  A
V  N  T  È  W  C  R  O  L  F  T  I  K  C  O  A
K  S  Z  P  Q  T  X  R  Ò  E  S  S  I  A  N  P
P  A  J  S  T  G  Ç  Z  S  K  M  V  A  C  A  Ç
Ç  Z  A  E  E  X  Ò  T  I  C  O  Y  U  A  L  F
```

AIGUA	FULLATGE
BOTÀNIC	HORT
CLIMA	RAM
COMESTIBLE	LLAVORS
COMPOST	ESPÈCIE
CONTENIDOR	BRUTÍCIA
EXÒTIC	ESTACIONAL
FLOR	SÒL
FLORAL	MÀNEGA
FULLA	HUMITAT

95 - Universo

```
H P L U G A T I B R Ò W E M H A
J F O R H L X E L P U Ç K D O S
M O N Ò R T S A L A A T K D R T
H I G S A J E B V E T R S D I E
P R I Y L X Q T N M S I P E T R
T È T S O Q S S J F D C T Y Z O
E F U C S C S P Z P C F O U Ó I
S S D G Q L L U N A E O Z P D D
V I S I B L E A Ç Y L S O A I E
V M E F D D C I M S Ò C D A G S
C E L E S T I A L B D O Í R A F
R H S O L S T I C I I R A Ç L W
J Q S A W D H N C R O E C Q À Ç
H O X W S O B T N B Ç Q N Y X U
M N W G Ç F P E S A N Q C T I C
U I K M Q A I M O N O R T S A K
```

ASTEROIDE
ASTRONOMIA
ASTRÒNOM
AMBIENT
FOSCOR
CELESTIAL
CEL
CÒSMIC
HEMISFERI
GALÀXIA

LATITUD
LONGITUD
LLUNA
ÒRBITA
HORITZÓ
SOLAR
SOLSTICI
TELESCOPI
VISIBLE
ZODÍAC

96 - Jazz

```
M  S  G  N  Ç  V  N  R  A  N  F  O  G  J  M  F
T  Ú  L  Z  N  C  O  I  A  V  G  R  È  F  L  A
S  D  S  Ç  X  F  B  T  B  R  C  Q  N  C  À  V
T  G  L  I  M  D  W  M  N  O  O  U  E  O  L  O
N  A  Z  Y  C  L  L  E  V  Y  N  E  R  M  B  R
E  V  L  N  T  A  Ç  X  M  Q  C  S  E  P  U  I
M  J  I  E  O  F  A  M  Ó  S  E  T  I  O  M  T
I  C  T  B  N  U  U  M  G  Y  R  R  I  S  C  S
D  K  S  X  D  T  W  S  H  O  T  A  Z  I  B  C
U  W  E  T  È  C  N  I  C  A  T  S  I  T  R  A
A  I  M  P  R  O  V  I  S  A  C  I  Ó  O  È  B
L  L  C  O  M  P  O  S  I  C  I  Ó  D  R  M  U
P  M  Ç  T  W  M  I  C  A  N  Ç  Ó  H  S  F  H
A  I  D  S  W  Ç  I  V  N  L  Y  E  Z  P  A  K
B  E  J  F  P  V  Q  T  D  S  F  J  J  M  S  Y
Y  Y  T  P  Q  H  Q  S  O  M  E  Z  U  K  I  D
```

ÀLBUM
APLAUDIMENTS
ARTISTA
CANÇÓ
COMPOSITOR
COMPOSICIÓ
CONCERT
ÈMFASI
FAMÓS
GÈNERE

IMPROVISACIÓ
MÚSICA
NOU
ORQUESTRA
FAVORITS
RITME
ESTIL
TALENT
TÈCNICA
VELL

97 - Vacanze #2

```
C D Z L T Y V A C A N C E S I A
S À E T R O P A S S A P Ç Y K H
O P M N E S X G F Y W O J D V V
W K Z P N T G N W A R A Ç O S I
T P V Y I C O R Q E B D W K C A
R A M U X N B W A K C C E Z E T
O U Ó V A C G O T E N D A P S G
P G I D T N A R U A T S E R T E
S L C H O T E L W Q A V A M R Ç
N Z A N C O W O Q V S V E J A W
A W N T Q R H G I K I C R E N W
R N I X J U T T E L V V O B G U
T L T H H A F S H M L Y P B E W
B P S M U P V V T Q H A O L R G
C S E I F A R G O T O F R F Q P
E V D J W M B Ç S E S X T U V P
```

AEROPORT
CÀMPING
DESTINACIÓ
FOTOGRAFIES
HOTEL
ILLA
MAPA
MAR
PASSAPORT
RESTAURANT

PLATJA
ESTRANGER
TAXI
OCI
TENDA
TRANSPORT
TREN
VACANCES
VIATGE
VISAT

98 - Attività

```
A C T I V I T A T R H L S P H W
A G M F X X T S B E A T Z E I C
X R B Z B W I M G L B L R S L T
Ç A T B T Y J X C A I E F C D V
M À G I A A U E M X L R Z A O K
A O F I I G G A I A I L E R P J
R B K N F J X E G C T C Ç E C Ç
T D E T A A J M N I A A J A M C
E X Y E R R C S I Ó T Ç L L A B
S Z X R G D S I P N Q A A P R Y
A D H E O I J R M O C I L Y U X
N V C S T N Q E À À C G H H T N
I X B S O E E D C Ç R I S O C U
A D C O F R G N A F J E T R E B
G X M S O I M E D Z T V C I L I
K B N F L A Z S C O J P H D V P
```

HABILITAT
ART
ARTESANIA
ACTIVITAT
CAÇA
CÀMPING
CERÀMICA
COSIR
BALL
SENDERISME

FOTOGRAFIA
JARDINERIA
JOCS
INTERESSOS
LECTURA
MÀGIA
PESCAR
PLAER
RELAXACIÓ
OCI

99 - Diplomazia

```
S R X D Y A D A X I A B M A A C
E M G I O C I A S S E S S O R Í
G R O P C I S C T L G P T W F V
U E V L O T C U Í X E Z M E M I
R S E O M Í U I A T B O B Y N C
E O R M U L S P P A S M W I X N
T L N À N O S I G T Y U X R E E
A U S T I P I X C C X Z J I G T
T C N I T K Ó I C A R E P O O C
Z I A C A F A I V R L J Q Z R I
M Ó D E T J N N C T Z P I P W L
G L A O E S M Q W U L C E O B F
I N T E G R I T A T L V W R B N
M A U L O Y R F I O I O I T H O
H O I D I È T I C A A S S G R C
D K C A M B A I X A D O R X J N
```

AMBAIXADA
AMBAIXADOR
CIUTADANS
CÍVIC
COMUNITAT
CONFLICTE
ASSESSOR
COOPERACIÓ
DIPLOMÀTIC
DISCUSSIÓ

ÈTICA
JUSTÍCIA
GOVERN
INTEGRITAT
POLÍTICA
RESOLUCIÓ
SEGURETAT
SOLUCIÓ
TRACTAT

100 - Misurazioni

```
G  I  V  Q  Y  E  A  C  D  A  Y  G  W  W  S  Q
L  N  O  H  X  G  T  M  T  M  T  R  G  L  L  U
Q  K  L  U  H  F  N  N  P  H  N  A  A  R  Q  I
K  Z  U  K  W  Q  I  U  K  L  N  M  G  R  R  L
C  W  M  Y  R  X  P  H  M  A  A  Y  Q  U  D  Ò
H  M  T  D  A  K  Ç  M  I  H  U  D  T  U  E  M
L  L  A  R  G  A  D  A  N  P  E  S  A  N  C  E
P  U  T  R  K  A  X  G  U  G  R  T  K  Ç  I  T
O  F  I  G  G  N  L  I  T  R  T  A  Y  A  M  R
L  C  D  M  T  O  S  Y  U  A  I  L  Y  B  A  E
Z  R  N  D  A  N  L  T  D  U  L  T  C  I  L  N
A  Y  U  C  I  L  I  I  J  M  X  U  S  A  N  D
D  B  F  T  O  N  A  Y  U  L  U  R  S  Ç  X  D
A  L  O  M  E  T  R  E  D  Q  C  A  Y  G  S  I
C  E  R  T  E  M  Í  T  N  E  C  B  H  S  Ç  V
X  H  P  N  V  W  A  L  W  S  W  Z  B  G  K  X
```

ALTURA	LLARGADA
BYTE	METRE
CENTÍMETRE	MINUT
QUILOGRAM	UNÇA
QUILÒMETRE	PES
DECIMAL	PINTA
GRAU	POLZADA
GRAM	PROFUNDITAT
AMPLADA	TONA
LITRE	VOLUM

1 - Salute e Benessere #2

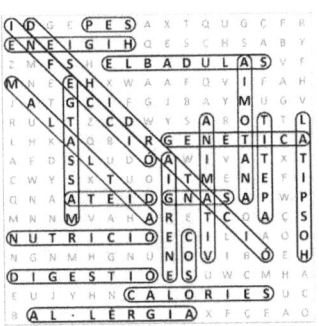

2 - Aggettivi #2

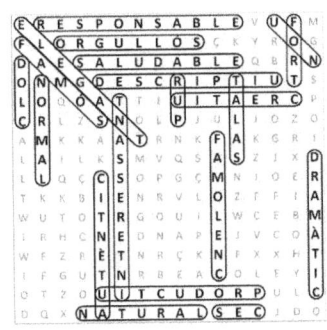

3 - Ingegneria

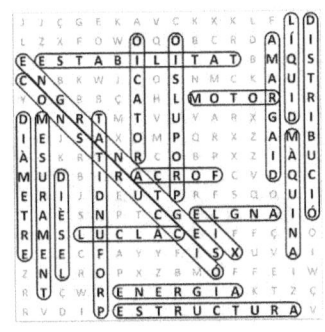

4 - Archeologia

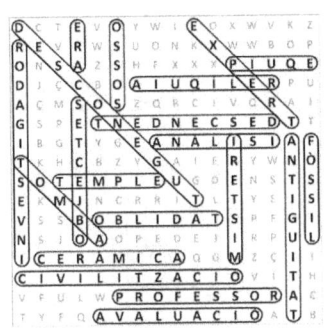

5 - Salute e Benessere #1

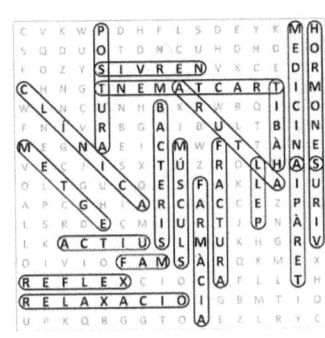

6 - Aggettivi #1

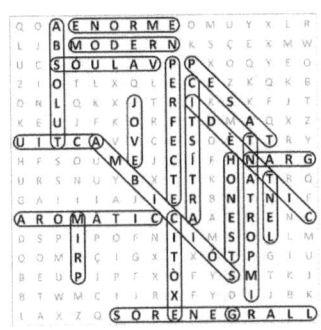

7 - Geologia

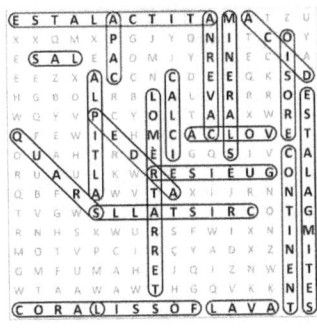

8 - Campeggio

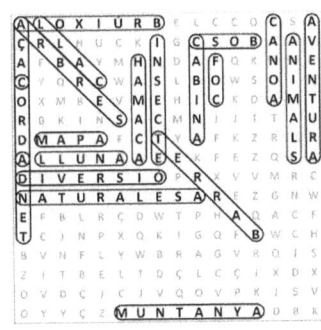

9 - Tempo

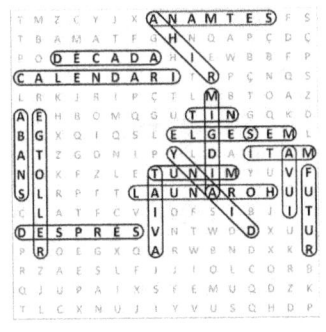

10 - Astronomia

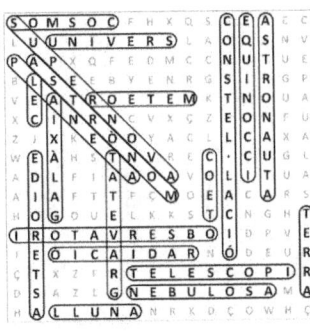

11 - Algebra

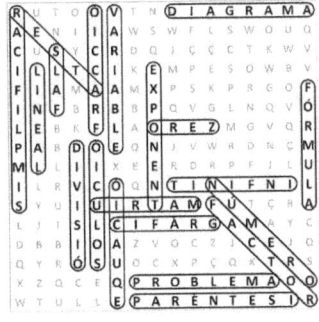

12 - Mitologia

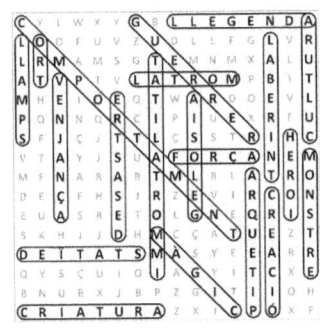

13 - Piante

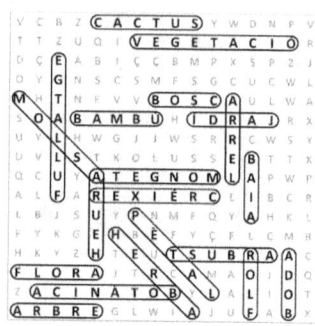

14 - Spezie

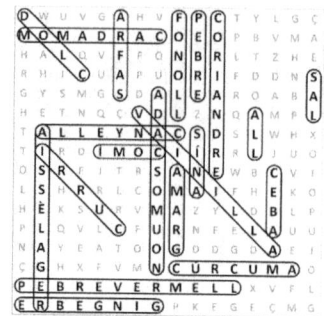

15 - Numeri

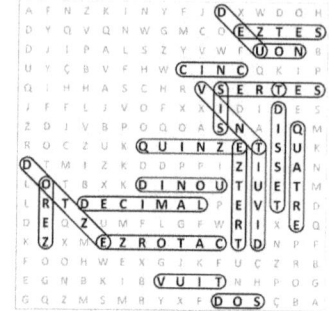

16 - Guida

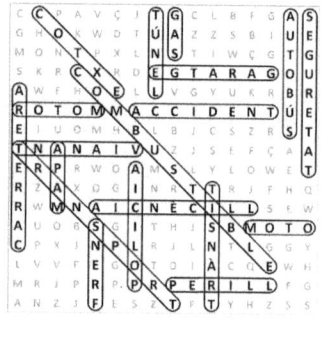

17 - I Media

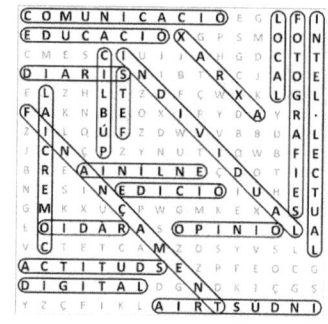

18 - Forza e Gravità

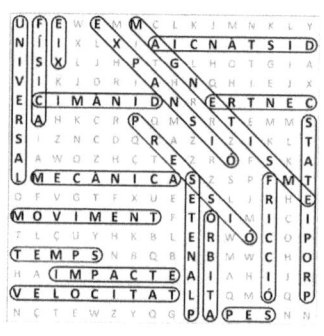

19 - Sport

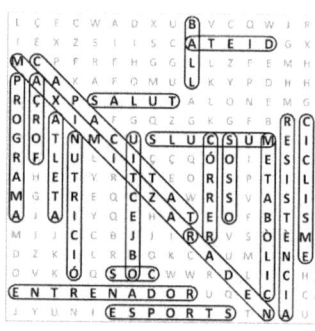

20 - Caffè

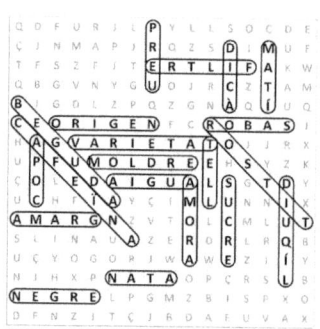

21 - Uccelli

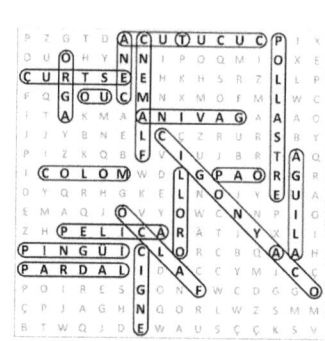

22 - Giorni e Mesi

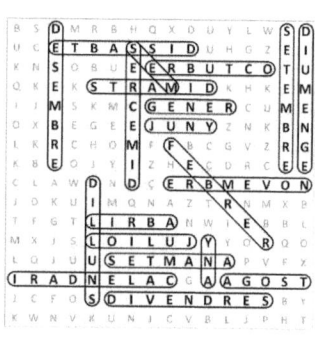

23 - Casa

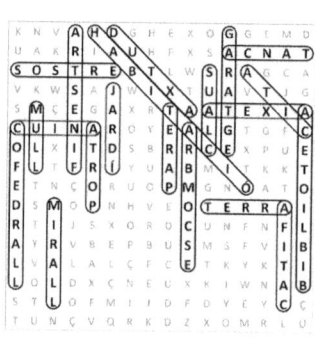

24 - Fantascienza

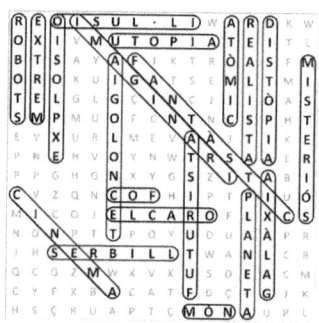

25 - Città

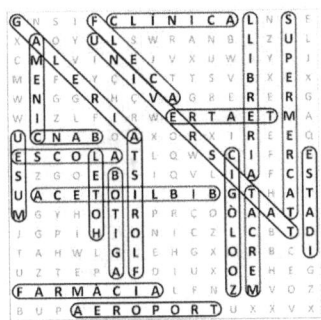

26 - Fattoria #1

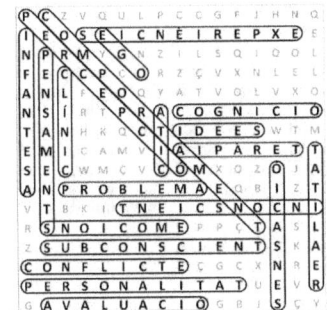

27 - Psicologia

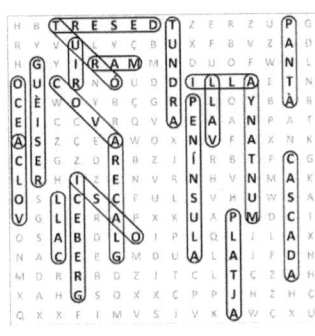

28 - Paesaggi

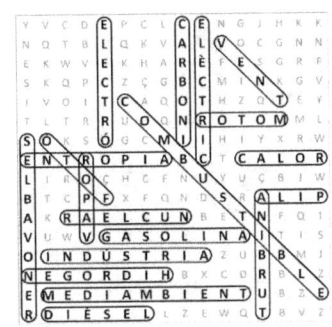

29 - Energia

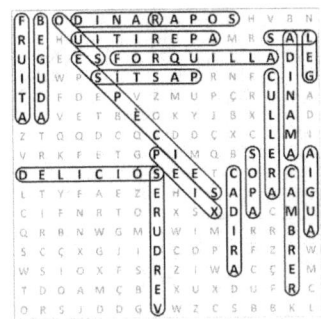

30 - Ristorante #2

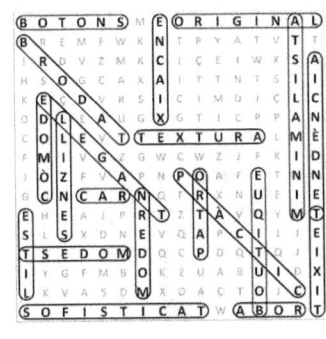

31 - Moda

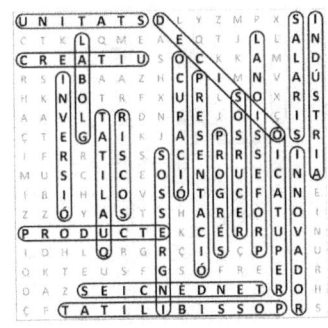

32 - L'Azienda

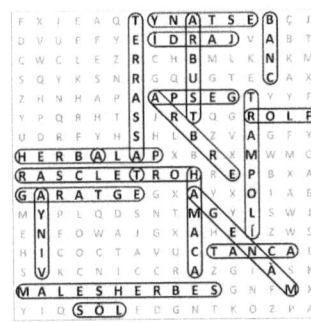

33 - Giardino

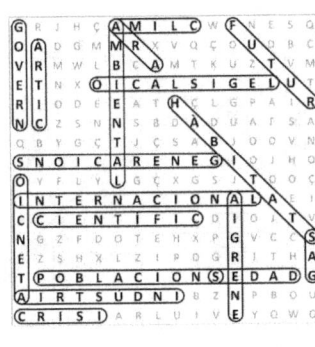

34 - Riscaldamento Gl

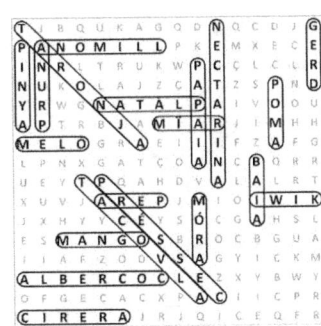

35 - Frutta

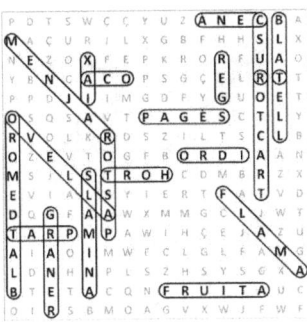

36 - Fattoria #2

37 - Verdure

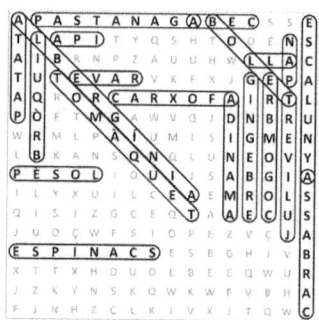

38 - Musica

39 - Barbecue

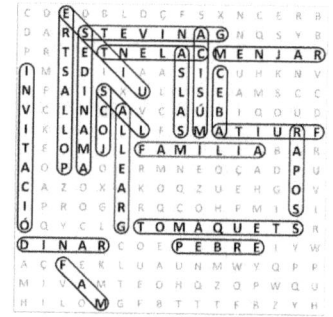

40 - Fisica

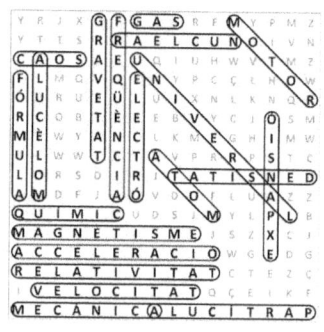

41 - Agronomia

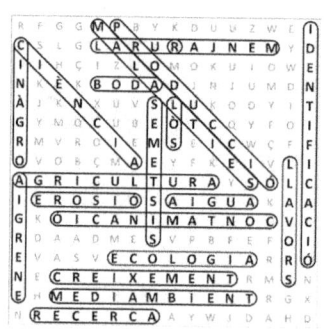

42 - Erboristeria

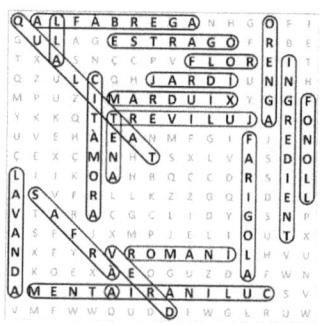

43 - Danza

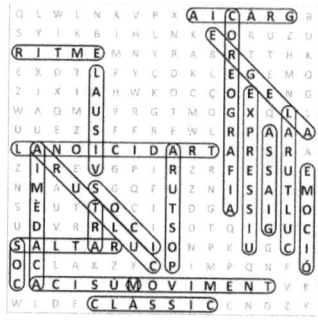

44 - Biologia

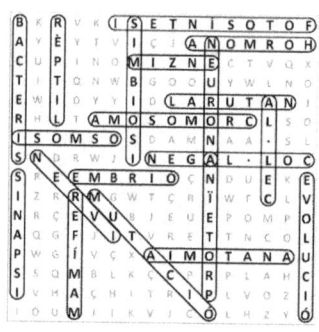

45 - Attività Commerciale

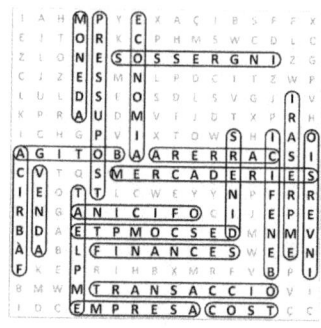

46 - Fiori

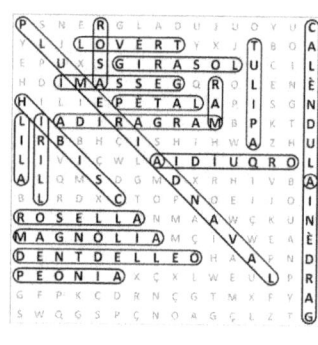

47 - Filantropia

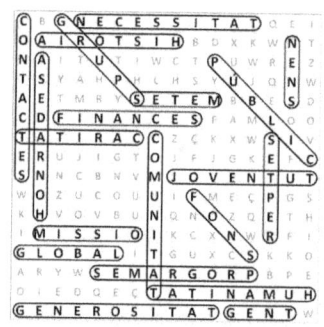

48 - Ecologia

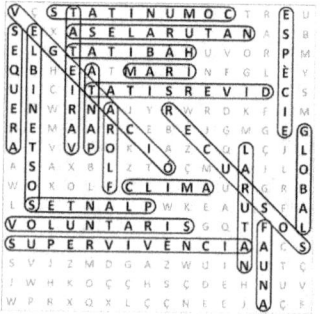

49 - Discipline Scientifiche

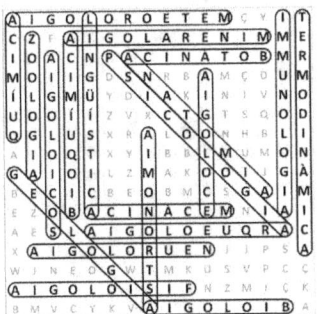

50 - Scienza

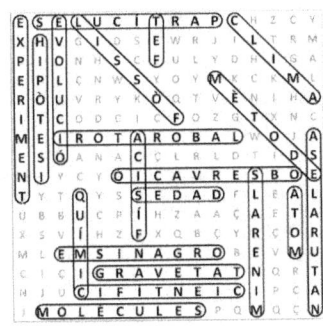

51 - Imbarcazioni

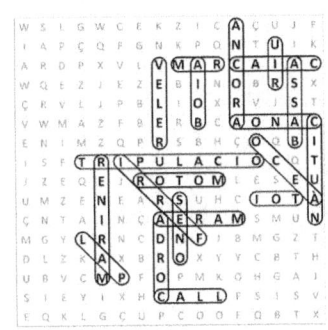

52 - Chimica

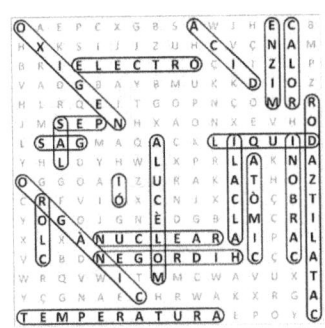

53 - Api

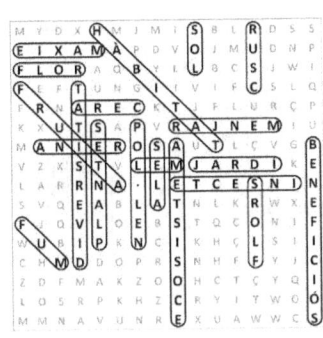

54 - Strumenti Musicali

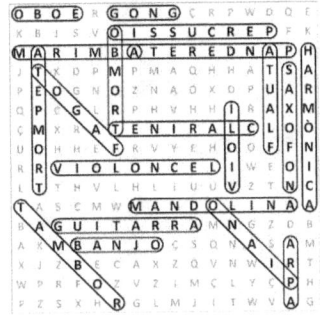

55 - Professioni #2

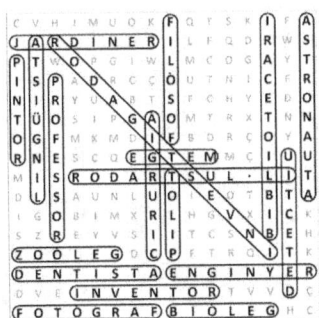

56 - Letteratura

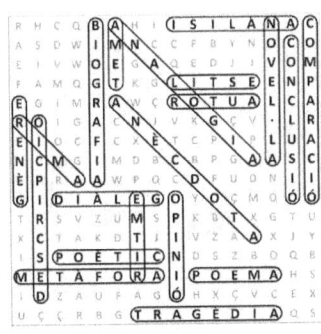

57 - Cibo #2

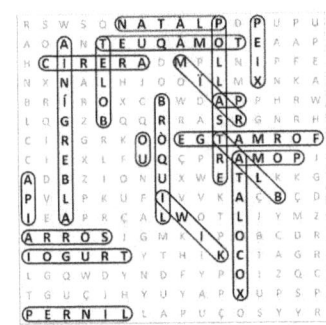

58 - Nutrizione

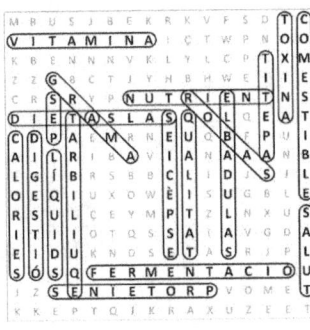

59 - Matematica

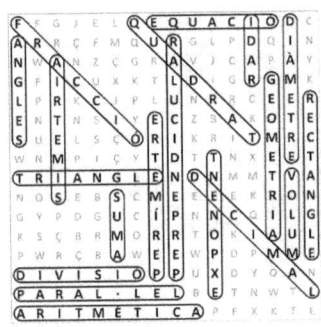

60 - Meditazione

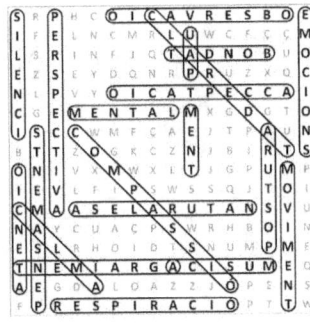

61 - Antiquariato

62 - Escursionismo

63 - Professioni #1

64 - Antartide

65 - Libri

66 - Geografia

67 - Cibo #1

68 - Etica

69 - Aeroplani

70 - Governo

71 - Bellezza

72 - Avventura

73 - Forme

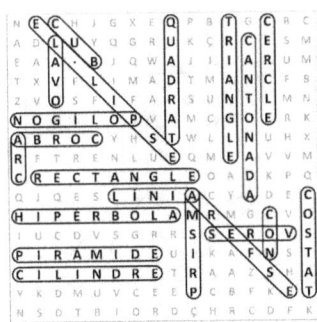

74 - Oceano

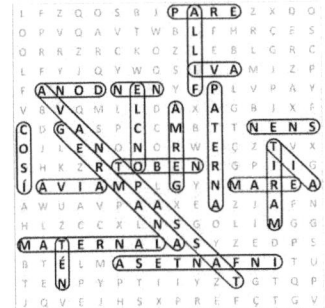

75 - Famiglia

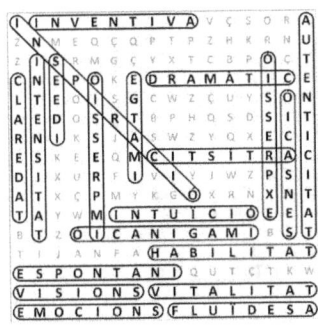

76 - Creatività

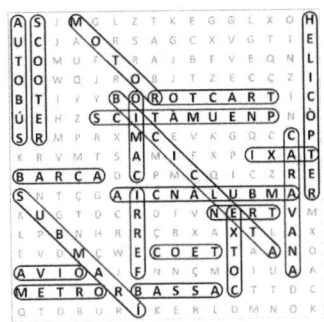

77 - Veicoli

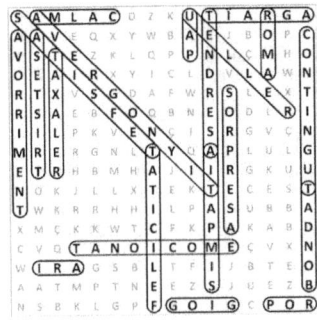

78 - Emozioni

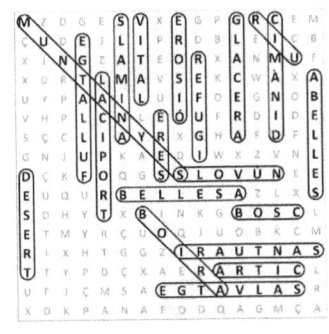

79 - Natura

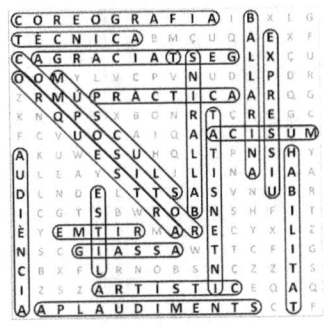

80 - Balletto

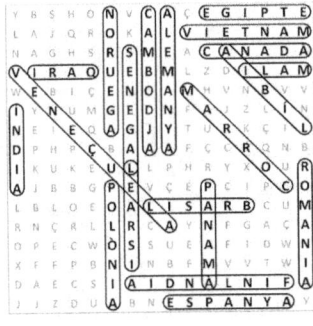

81 - Paesi #1

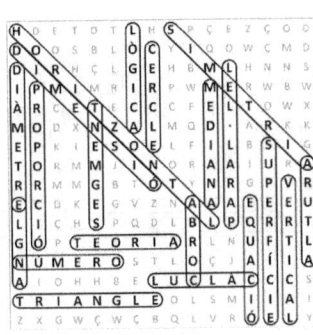

82 - Geometria

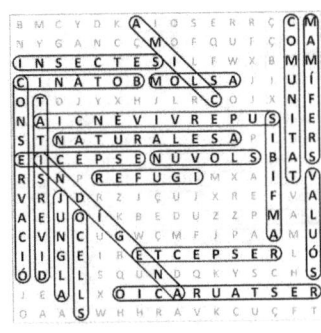

83 - Foresta Pluviale

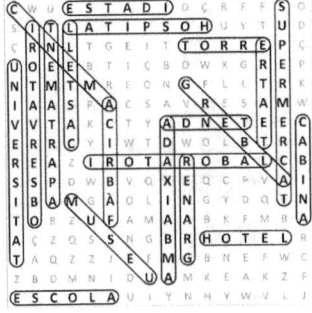

84 - Edifici

85 - Malattia

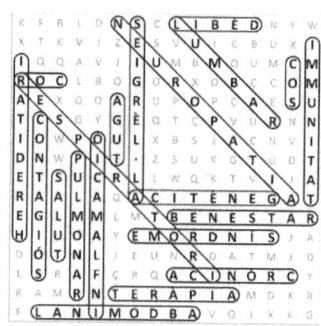

86 - Paesi #2

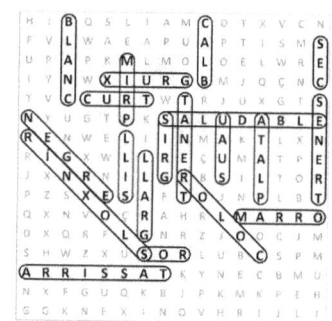

87 - Tipi di Capelli

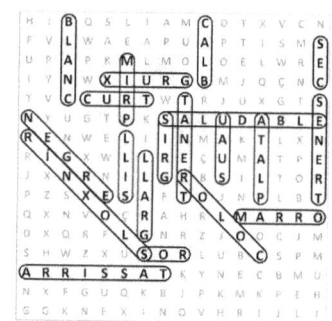

88 - Vestiti

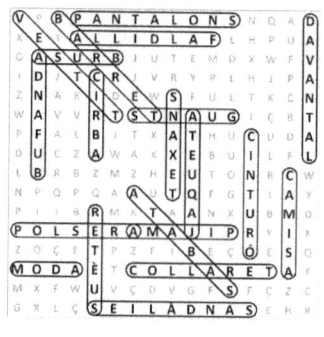

89 - Attività e Tempo Libero

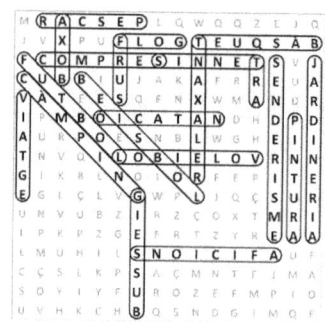

90 - Arte

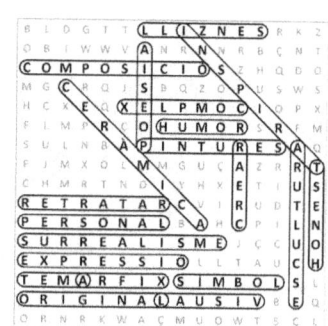

91 - Corpo Umano

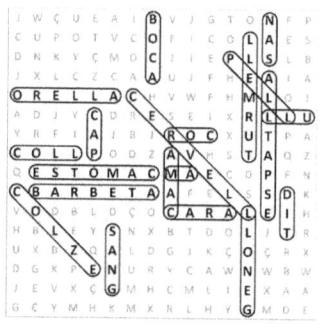

92 - Mammiferi

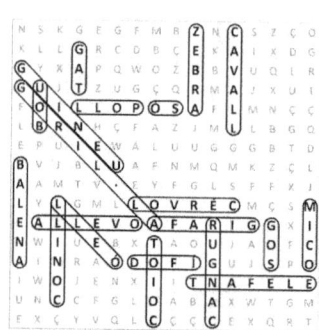

93 - Cucina

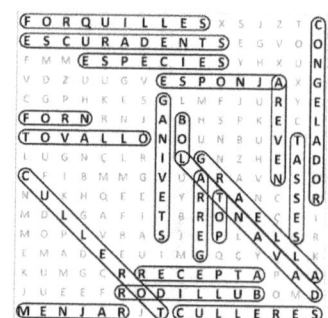

94 - Giardinaggio

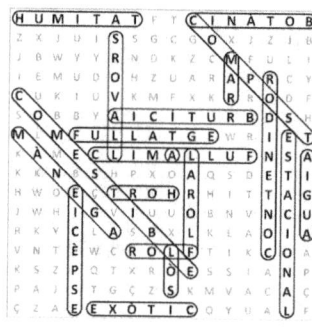

95 - Universo

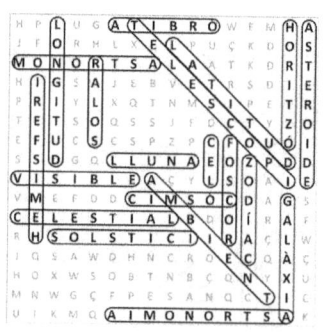

96 - Jazz

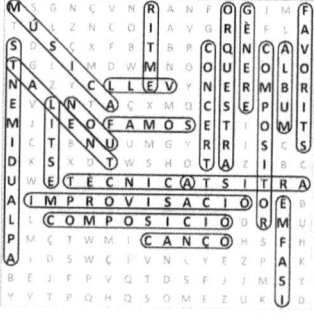

97 - Vacanze #2

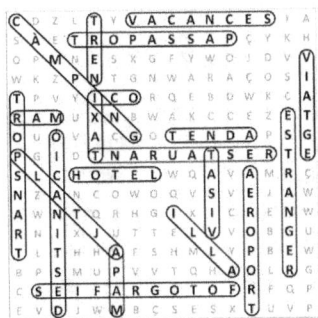

98 - Attività

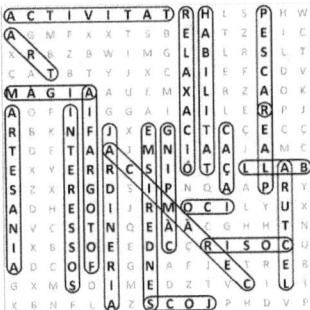

99 - Diplomazia

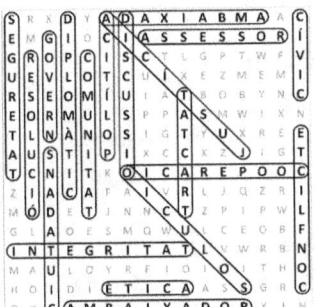

100 - Misurazioni

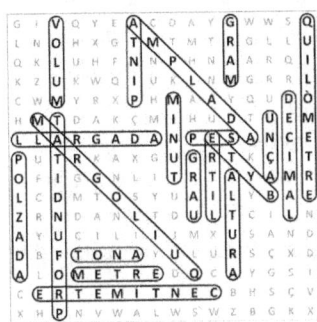

Dizionario

Aeroplani
Avions

Italiano	Català
Altezza	Altura
Altitudine	Altitud
Aria	Aire
Atmosfera	Ambient
Atterraggio	Aterratge
Avventura	Aventura
Carburante	Combustible
Cielo	Cel
Costruzione	Construcció
Direzione	Direcció
Discesa	Descens
Equipaggio	Tripulació
Idrogeno	Hidrogen
Motore	Motor
Navigare	Navegar
Palloncino	Globus
Passeggero	Passatger
Pilota	Pilot
Storia	Història
Turbolenza	Turbulència

Aggettivi #1
Adjectius #1

Italiano	Català
Ambizioso	Ambiciós
Aromatico	Aromàtic
Artistico	Artístic
Assoluto	Absolut
Attivo	Actiu
Enorme	Enorme
Esotico	Exòtic
Generoso	Generós
Giovane	Jove
Grande	Gran
Identico	Idèntic
Importante	Important
Lento	Lent
Lungo	Llarg
Moderno	Modern
Onesto	Honest
Perfetto	Perfecte
Pesante	Pesat
Prezioso	Valuós
Sottile	Prim

Aggettivi #2
Adjectius #2

Italiano	Català
Affamato	Famolenc
Asciutto	Sec
Autentico	Autèntic
Creativo	Creatiu
Descrittivo	Descriptiu
Dolce	Dolç
Drammatico	Dramàtic
Elegante	Elegant
Famoso	Famós
Forte	Fort
Interessante	Interessant
Naturale	Natural
Normale	Normal
Nuovo	Nou
Orgoglioso	Orgullós
Produttivo	Productiu
Puro	Pur
Responsabile	Responsable
Salato	Salat
Sano	Saludable

Agronomia
Agronomia

Italiano	Català
Acqua	Aigua
Agricoltura	Agricultura
Ambiente	Medi Ambient
Cibo	Menjar
Crescita	Creixement
Ecologia	Ecologia
Energia	Energia
Erosione	Erosió
Fertilizzante	Adob
Identificazione	Identificació
Inquinamento	Contaminació
Malattie	Malalties
Organico	Orgànic
Produzione	Producció
Ricerca	Recerca
Rurale	Rural
Scienza	Ciència
Semi	Llavors
Sistemi	Sistemes
Suolo	Sòl

Algebra
Àlgebra

Italiano	Català
Diagramma	Diagrama
Divisione	Divisió
Equazione	Equació
Esponente	Exponent
Falso	Fals
Fattore	Factor
Formula	Fórmula
Frazione	Fracció
Grafico	Gràfic
Infinito	Infinit
Lineare	Lineal
Matrice	Matriu
Numero	Número
Parentesi	Parèntesi
Problema	Problema
Semplificare	Simplificar
Soluzione	Solució
Sottrazione	Resta
Variabile	Variable
Zero	Zero

Antartide
Antàrtida

Italiano	Català
Acqua	Aigua
Ambiente	Medi Ambient
Baia	Badia
Balene	Balenes
Conservazione	Conservació
Continente	Continent
Geografia	Geografia
Ghiacciai	Glaceres
Ghiaccio	Gel
Isole	Illes
Migrazione	Migració
Minerali	Minerals
Nuvole	Núvols
Penisola	Península
Ricercatore	Investigador
Roccioso	Rocós
Scientifico	Científic
Spedizione	Expedició
Temperatura	Temperatura
Topografia	Topografia

Antiquariato
Antiguitats

Arte	Art
Asta	Subhasta
Autentico	Autèntic
Condizione	Condició
Decenni	Dècades
Decorativo	Decoratiu
Elegante	Elegant
Galleria	Galeria
Insolito	Inusual
Investimento	Inversió
Mobilio	Mobles
Monete	Monedes
Prezzo	Preu
Qualità	Qualitat
Restauro	Restauració
Scultura	Escultura
Secolo	Segle
Stile	Estil
Valore	Valor
Vecchio	Vell

Api
Les Abelles

Ali	Ales
Alveare	Rusc
Benefico	Beneficiós
Cera	Cera
Cibo	Menjar
Diversità	Diversitat
Ecosistema	Ecosistema
Fiori	Flors
Fiorire	Flor
Frutta	Fruita
Fumo	Fum
Giardino	Jardí
Habitat	Hàbitat
Insetto	Insecte
Miele	Mel
Piante	Plantes
Polline	Pol·len
Regina	Reina
Sciame	Eixam
Sole	Sol

Archeologia
Arqueologia

Analisi	Anàlisi
Antichità	Antiguitat
Ceramica	Ceràmica
Civiltà	Civilització
Dimenticato	Oblidat
Discendente	Descendent
Era	Era
Esperto	Expert
Fossile	Fòssil
Mistero	Misteri
Oggetti	Objectes
Ossa	Ossos
Professore	Professor
Reliquia	Relíquia
Ricercatore	Investigador
Sconosciuto	Desconegut
Squadra	Equip
Tempio	Temple
Tomba	Tomba
Valutazione	Avaluació

Arte
L'Art

Ceramica	Ceràmica
Complesso	Complex
Composizione	Composició
Creare	Crear
Dipinti	Pintures
Espressione	Expressió
Figura	Xifra
Ispirato	Inspirat
Onesto	Honest
Originale	Original
Personale	Personal
Poesia	Poesia
Ritrarre	Retratar
Scultura	Escultura
Semplice	Senzill
Simbolo	Símbol
Soggetto	Tema
Surrealismo	Surrealisme
Umore	Humor
Visivo	Visual

Astronomia
Astronomia

Asteroide	Asteroide
Astronauta	Astronauta
Astronomo	Astrònom
Cielo	Cel
Cosmo	Cosmos
Costellazione	Constel·lació
Equinozio	Equinocci
Galassia	Galàxia
Gravità	Gravetat
Luna	Lluna
Meteora	Meteor
Nebulosa	Nebulosa
Osservatorio	Observatori
Pianeta	Planeta
Radiazione	Radiació
Razzo	Coet
Supernova	Supernova
Telescopio	Telescopi
Terra	Terra
Universo	Univers

Attività
Activitats

Abilità	Habilitat
Arte	Art
Artigianato	Artesania
Attività	Activitat
Caccia	Caça
Campeggio	Càmping
Ceramica	Ceràmica
Cucire	Cosir
Danza	Ball
Escursioni	Senderisme
Fotografia	Fotografia
Giardinaggio	Jardineria
Giochi	Jocs
Interessi	Interessos
Lettura	Lectura
Magia	Màgia
Pesca	Pescar
Piacere	Plaer
Rilassamento	Relaxació
Tempo Libero	Oci

Attività Commerciale
Negocis

Bilancio	Pressupost
Carriera	Carrera
Costo	Cost
Datore di Lavoro	Empresari
Dipendente	Empleat
Economia	Economia
Fabbrica	Fàbrica
Finanza	Finances
Investimento	Inversió
Merce	Mercaderies
Negozio	Botiga
Profitto	Benefici
Reddito	Ingressos
Sconto	Descompte
Società	Empresa
Soldi	Diners
Transazione	Transacció
Ufficio	Oficina
Valuta	Moneda
Vendita	Venda

Attività e Tempo Libero
Activitats i Lleure

Arte	Art
Baseball	Beisbol
Basket	Bàsquet
Boxe	Boxa
Calcio	Futbol
Campeggio	Càmping
Escursioni	Senderisme
Giardinaggio	Jardineria
Golf	Golf
Hobby	Aficions
Immersione	Busseig
Nuoto	Natació
Pallavolo	Voleibol
Pesca	Pescar
Pittura	Pintura
Rilassante	Relaxant
Shopping	Compres
Surf	Surf
Tennis	Tennis
Viaggio	Viatge

Avventura
Aventura

Amici	Amics
Attività	Activitat
Bellezza	Bellesa
Caso	Oportunitat
Coraggio	Valentia
Destinazione	Destinació
Difficoltà	Dificultat
Entusiasmo	Entusiasme
Escursione	Excursió
Gioia	Goig
Insolito	Inusual
Itinerario	Itinerari
Natura	Naturalesa
Navigazione	Navegació
Nuovo	Nou
Pericoloso	Perillós
Preparazione	Preparació
Sfide	Reptes
Sicurezza	Seguretat
Viaggi	Viatges

Balletto
Ballet

Abilità	Habilitat
Applauso	Aplaudiments
Artistico	Artístic
Ballerina	Ballarina
Ballerini	Ballarins
Compositore	Compositor
Coreografia	Coreografia
Espressivo	Expressiu
Gesto	Gest
Grazioso	Agraciat
Intensità	Intensitat
Muscoli	Músculs
Musica	Música
Orchestra	Orquestra
Pratica	Pràctica
Prova	Assaig
Pubblico	Audiència
Ritmo	Ritme
Stile	Estil
Tecnica	Tècnica

Barbecue
Barbacoes

Caldo	Calent
Cena	Sopar
Cibo	Menjar
Cipolle	Ceba
Coltelli	Ganivets
Estate	Estiu
Fame	Fam
Famiglia	Família
Frutta	Fruita
Giochi	Jocs
Griglia	Graella
Insalate	Amanides
Invito	Invitació
Musica	Música
Pepe	Pebre
Pollo	Pollastre
Pomodori	Tomàquets
Pranzo	Dinar
Sale	Sal
Salsa	Salsa

Bellezza
La Bellesa

Colore	Color
Cosmetici	Cosmètica
Elegante	Elegant
Eleganza	Elegància
Fascino	Encant
Forbici	Tisores
Fotogenico	Fotogènica
Fragranza	Fragància
Grazia	Gràcia
Mascara	Màscara
Oli	Olis
Pelle	Pell
Prodotti	Productes
Profumo	Olor
Riccioli	Rínxols
Rossetto	Pintallavis
Servizi	Serveis
Shampoo	Xampú
Specchio	Mirall
Stilista	Estilista

Biologia
Biologia

Italiano	Català
Anatomia	Anatomia
Batteri	Bacteris
Cellula	Cel·la
Collagene	Col·lagen
Cromosoma	Cromosoma
Embrione	Embrió
Enzima	Enzim
Evoluzione	Evolució
Fotosintesi	Fotosíntesi
Mammifero	Mamífer
Mutazione	Mutació
Naturale	Natural
Nervo	Nervi
Neurone	Neurona
Ormone	Hormona
Osmosi	Osmosi
Proteina	Proteïna
Rettile	Rèptil
Simbiosi	Simbiosi
Sinapsi	Sinapsi

Caffè
Cafè

Italiano	Català
Acido	Àcid
Acqua	Aigua
Amaro	Amarg
Aroma	Aroma
Arrostito	Rostit
Bevanda	Beguda
Caffeina	Cafeïna
Crema	Nata
Filtro	Filtre
Gusto	Sabor
Latte	Llet
Liquido	Líquid
Macinare	Moldre
Mattina	Matí
Nero	Negre
Origine	Origen
Prezzo	Preu
Tazza	Copa
Varietà	Varietat
Zucchero	Sucre

Campeggio
Campament

Italiano	Català
Alberi	Arbres
Amaca	Hamaca
Animali	Animals
Avventura	Aventura
Bussola	Brúixola
Cabina	Cabina
Caccia	Caça
Canoa	Canoa
Cappello	Barret
Corda	Corda
Divertimento	Diversió
Foresta	Bosc
Fuoco	Foc
Insetto	Insecte
Lago	Llac
Luna	Lluna
Mappa	Mapa
Montagna	Muntanya
Natura	Naturalesa
Tenda	Tenda

Casa
Casa

Italiano	Català
Attico	Àtic
Biblioteca	Biblioteca
Camera	Habitació
Camino	Llar de Foc
Chiavi	Claus
Cucina	Cuina
Doccia	Dutxa
Finestra	Finestra
Garage	Garatge
Giardino	Jardí
Lampada	Llum
Parete	Paret
Pavimento	Terra
Porta	Porta
Recinto	Tanca
Rubinetto	Aixeta
Scopa	Escombra
Soffitto	Sostre
Specchio	Mirall
Tappeto	Catifa

Chimica
Química

Italiano	Català
Acido	Àcid
Alcalino	Alcalí
Atomico	Atòmic
Calore	Calor
Carbonio	Carboni
Catalizzatore	Catalitzador
Cloro	Clor
Elettrone	Electró
Enzima	Enzim
Gas	Gas
Idrogeno	Hidrogen
Ione	Ió
Liquido	Líquid
Molecola	Molècula
Nucleare	Nuclear
Organico	Orgànic
Ossigeno	Oxigen
Peso	Pes
Sale	Sal
Temperatura	Temperatura

Cibo #1
Menjar #1

Italiano	Català
Aglio	All
Basilico	Alfàbrega
Cannella	Canyella
Carne	Carn
Carota	Pastanaga
Cipolla	Ceba
Fragola	Maduixa
Insalata	Amanida
Latte	Llet
Limone	Llimona
Menta	Menta
Orzo	Ordi
Pera	Pera
Rapa	Nap
Sale	Sal
Spinaci	Espinacs
Succo	Suc
Tonno	Tonyina
Torta	Pastís
Zucchero	Sucre

Cibo #2
Menjar #2

Banana	Plàtan
Broccolo	Bròquil
Ciliegia	Cirera
Cioccolato	Xocolata
Formaggio	Formatge
Fungo	Bolet
Grano	Blat
Kiwi	Kiwi
Mela	Poma
Melanzana	Albergínia
Pane	Pa
Pesce	Peix
Pollo	Pollastre
Pomodoro	Tomàquet
Prosciutto	Pernil
Riso	Arròs
Sedano	Api
Uovo	Ou
Uva	Raïm
Yogurt	Iogurt

Città
Ciutat

Aeroporto	Aeroport
Banca	Banc
Biblioteca	Biblioteca
Cinema	Cinema
Clinica	Clínica
Farmacia	Farmàcia
Fiorista	Florista
Galleria	Galeria
Hotel	Hotel
Libreria	Llibreria
Mercato	Mercat
Museo	Museu
Negozio	Botiga
Panetteria	Fleca
Scuola	Escola
Stadio	Estadi
Supermercato	Supermercat
Teatro	Teatre
Università	Universitat
Zoo	Zoològic

Corpo Umano
Cos Humà

Bocca	Boca
Caviglia	Turmell
Cervello	Cervell
Collo	Coll
Cuore	Cor
Dito	Dit
Faccia	Cara
Gamba	Cama
Ginocchio	Genoll
Gomito	Colze
Mano	Mà
Mento	Barbeta
Naso	Nas
Occhio	Ull
Orecchio	Orella
Pelle	Pell
Sangue	Sang
Spalla	Espatlla
Stomaco	Estómac
Testa	Cap

Creatività
Creativitat

Abilità	Habilitat
Artistico	Artístic
Autenticità	Autenticitat
Chiarezza	Claredat
Drammatico	Dramàtic
Emozioni	Emocions
Espressione	Expressió
Fluidità	Fluïdesa
Idee	Idees
Immaginazione	Imaginació
Immagine	Imatge
Impressione	Impressió
Intensità	Intensitat
Intuizione	Intuïció
Inventivo	Inventiva
Ispirazione	Inspiració
Sensazione	Sensació
Spontaneo	Espontani
Visioni	Visions
Vitalità	Vitalitat

Cucina
Cuina

Bacchette	Escuradents
Bollitore	Bullidor
Brocca	Gerra
Cibo	Menjar
Ciotola	Bol
Coltelli	Ganivets
Congelatore	Congelador
Cucchiai	Culleres
Forchette	Forquilles
Forno	Forn
Frigorifero	Nevera
Grembiule	Davantal
Griglia	Graella
Mestolo	Cullerot
Ricetta	Recepta
Spezie	Espècies
Spugna	Esponja
Tazze	Tasses
Tovagliolo	Tovalló
Vaso	Pot

Danza
Dansa

Accademia	Acadèmia
Arte	Art
Classico	Clàssic
Compagno	Soci
Coreografia	Coreografia
Corpo	Cos
Cultura	Cultura
Culturale	Cultural
Emozione	Emoció
Espressivo	Expressiu
Gioioso	Alegre
Grazia	Gràcia
Movimento	Moviment
Musica	Música
Postura	Postura
Prova	Assaig
Ritmo	Ritme
Salto	Saltar
Tradizionale	Tradicional
Visivo	Visual

Diplomazia
Diplomàcia

Ambasciata	Ambaixada
Ambasciatore	Ambaixador
Cittadini	Ciutadans
Civico	Cívic
Comunità	Comunitat
Conflitto	Conflicte
Consigliere	Assessor
Cooperazione	Cooperació
Diplomatico	Diplomàtic
Discussione	Discussió
Etica	Ètica
Giustizia	Justícia
Governo	Govern
Integrità	Integritat
Politica	Política
Risoluzione	Resolució
Sicurezza	Seguretat
Soluzione	Solució
Trattato	Tractat
Umanitario	Humanitari

Discipline Scientifiche
Disciplines Científiques

Anatomia	Anatomia
Archeologia	Arqueologia
Astronomia	Astronomia
Biochimica	Bioquímica
Biologia	Biologia
Botanica	Botànica
Chimica	Química
Ecologia	Ecologia
Fisiologia	Fisiologia
Geologia	Geologia
Immunologia	Immunologia
Linguistica	Lingüística
Meccanica	Mecànica
Meteorologia	Meteorologia
Mineralogia	Mineralogia
Neurologia	Neurologia
Psicologia	Psicologia
Sociologia	Sociologia
Termodinamica	Termodinàmica
Zoologia	Zoologia

Ecologia
Ecologia

Clima	Clima
Comunità	Comunitats
Diversità	Diversitat
Fauna	Fauna
Flora	Flora
Globale	Global
Habitat	Hàbitat
Marino	Marí
Natura	Naturalesa
Naturale	Natural
Palude	Pantà
Piante	Plantes
Risorse	Recursos
Siccità	Sequera
Sopravvivenza	Supervivència
Sostenibile	Sostenible
Specie	Espècie
Varietà	Varietat
Vegetazione	Vegetació
Volontari	Voluntaris

Edifici
Edificis

Ambasciata	Ambaixada
Appartamento	Apartament
Cabina	Cabina
Castello	Castell
Cinema	Cinema
Fabbrica	Fàbrica
Fienile	Graner
Hotel	Hotel
Laboratorio	Laboratori
Museo	Museu
Ospedale	Hospital
Osservatorio	Observatori
Ostello	Alberg
Scuola	Escola
Stadio	Estadi
Supermercato	Supermercat
Teatro	Teatre
Tenda	Tenda
Torre	Torre
Università	Universitat

Emozioni
Emocions

Amore	Amor
Beatitudine	Felicitat
Calma	Calma
Contenuto	Contingut
Eccitato	Emocionat
Gentilezza	Bondat
Gioia	Goig
Grato	Agraït
Imbarazzato	Avergonyit
Noia	Avorriment
Pace	Pau
Paura	Por
Rabbia	Ira
Rilassato	Relaxat
Rilievo	Relleu
Simpatia	Simpatia
Soddisfatto	Satisfet
Sorpresa	Sorpresa
Tenerezza	Tendresa
Tristezza	Tristesa

Energia
Energia

Ambiente	Medi Ambient
Batteria	Pila
Benzina	Gasolina
Calore	Calor
Carbonio	Carboni
Carburante	Combustible
Diesel	Dièsel
Elettrico	Elèctric
Elettrone	Electró
Entropia	Entropia
Fotone	Fotó
Idrogeno	Hidrogen
Industria	Indústria
Inquinamento	Contaminació
Motore	Motor
Nucleare	Nuclear
Rinnovabile	Renovables
Turbina	Turbina
Vapore	Vapor
Vento	Vent

Erboristeria
Herboristeria

Aglio	All
Aneto	Anet
Aromatico	Aromàtic
Basilico	Alfàbrega
Culinario	Culinària
Dragoncello	Estragó
Finocchio	Fonoll
Fiore	Flor
Giardino	Jardí
Ingrediente	Ingredient
Lavanda	Lavanda
Maggiorana	Marduix
Menta	Menta
Origano	Orenga
Prezzemolo	Julivert
Qualità	Qualitat
Rosmarino	Romaní
Timo	Farigola
Verde	Verd
Zafferano	Safrà

Escursionismo
Senderisme

Acqua	Aigua
Animali	Animals
Campeggio	Càmping
Clima	Clima
Guide	Guies
Mappa	Mapa
Montagna	Muntanya
Natura	Naturalesa
Orientamento	Orientació
Parchi	Parcs
Pericoli	Riscos
Pesante	Pesat
Pietre	Pedres
Preparazione	Preparació
Scogliera	Penya-Segat
Selvaggio	Salvatge
Sole	Sol
Stanco	Cansat
Stivali	Botes
Vertice	Cimera

Etica
Ètica

Altruismo	Altruisme
Benevolo	Benèvol
Compassione	Compassió
Cooperazione	Cooperació
Dignità	Dignitat
Diplomatico	Diplomàtic
Filosofia	Filosofia
Gentilezza	Bondat
Integrità	Integritat
Onestà	Honradesa
Ottimismo	Optimisme
Pazienza	Paciència
Ragionevole	Raonable
Razionalità	Racionalitat
Realismo	Realisme
Rispettoso	Respectuós
Saggezza	Saviesa
Tolleranza	Tolerància
Umanità	Humanitat
Valori	Valors

Famiglia
La Família

Antenato	Avantpassat
Bambini	Nens
Bambino	Nen
Cugino	Cosí
Figlia	Filla
Fratello	Germà
Infanzia	Infantesa
Madre	Mare
Marito	Marit
Materno	Maternal
Moglie	Dona
Nipote	Nebot
Nipote	Nét
Nonna	Àvia
Nonno	Avi
Padre	Pare
Paterno	Paterna
Sorella	Germana
Zia	Tia
Zio	Oncle

Fantascienza
Ciència Ficció

Atomico	Atòmic
Cinema	Cinema
Distopia	Distòpia
Esplosione	Explosió
Estremo	Extrem
Fantastico	Fantàstic
Fuoco	Foc
Futuristico	Futurista
Galassia	Galàxia
Illusione	Il·lusió
Immaginario	Imaginari
Libri	Llibres
Misterioso	Misteriós
Mondo	Món
Oracolo	Oracle
Pianeta	Planeta
Realistico	Realista
Robot	Robots
Tecnologia	Tecnologia
Utopia	Utopia

Fattoria #1
Granja #1

Acqua	Aigua
Agricoltura	Agricultura
Ape	Abella
Asino	Ruc
Campo	Camp
Cane	Gos
Capra	Cabra
Cavallo	Cavall
Fertilizzante	Adob
Fieno	Fenc
Gatto	Gat
Gregge	Ramat
Maiale	Porc
Miele	Mel
Mucca	Vaca
Pollo	Pollastre
Recinto	Tanca
Riso	Arròs
Semi	Llavors
Vitello	Vedell

Fattoria #2
Granja #2

Agnello	Xai
Agricoltore	Pagès
Alveare	Rusc
Anatra	Ànec
Animali	Animals
Cibo	Menjar
Fienile	Graner
Frutta	Fruita
Frutteto	Hort
Grano	Blat
Irrigazione	Reg
Lama	Flama
Latte	Llet
Mais	Blat de Moro
Oche	Oca
Orzo	Ordi
Pastore	Pastor
Pecora	Ovella
Prato	Prat
Trattore	Tractor

Filantropia
La Filantropia

Bambini	Nens
Bisogno	Necessitat
Carità	Caritat
Comunità	Comunitat
Contatti	Contactes
Finanza	Finances
Fondi	Fons
Generosità	Generositat
Gioventù	Joventut
Globale	Global
Gruppi	Grups
Missione	Missió
Obiettivi	Metes
Onestà	Honradesa
Persone	Gent
Programmi	Programes
Pubblico	Públic
Sfide	Reptes
Storia	Història
Umanità	Humanitat

Fiori
Flors

Calendula	Calèndula
Dente di Leone	Dent de Lleó
Gardenia	Gardènia
Gelsomino	Gessamí
Giglio	Lliri
Girasole	Gira-Sol
Ibisco	Hibisc
Lavanda	Lavanda
Lilla	Lila
Magnolia	Magnòlia
Margherita	Margarida
Mazzo	Ram
Orchidea	Orquídia
Papavero	Rosella
Peonia	Peònia
Petalo	Pètal
Plumeria	Plumeria
Rosa	Rosa
Trifoglio	Trèvol
Tulipano	Tulipa

Fisica
Física

Accelerazione	Acceleració
Atomo	Àtom
Caos	Caos
Chimico	Químic
Densità	Densitat
Elettrone	Electró
Espansione	Expansió
Formula	Fórmula
Frequenza	Freqüència
Gas	Gas
Gravità	Gravetat
Magnetismo	Magnetisme
Meccanica	Mecànica
Molecola	Molècula
Motore	Motor
Nucleare	Nuclear
Particella	Partícula
Relatività	Relativitat
Universale	Universal
Velocità	Velocitat

Foresta Pluviale
Selva Tropical

Anfibi	Amfibis
Botanico	Botànic
Clima	Clima
Comunità	Comunitat
Diversità	Diversitat
Giungla	Jungla
Indigeno	Indígena
Insetti	Insectes
Mammiferi	Mamífers
Muschio	Molsa
Natura	Naturalesa
Nuvole	Núvols
Preservazione	Conservació
Prezioso	Valuós
Restauro	Restauració
Rifugio	Refugi
Rispetto	Respecte
Sopravvivenza	Supervivència
Specie	Espècie
Uccelli	Ocells

Forme
Formes

Angolo	Cantonada
Arco	Arc
Bordi	Vores
Cerchio	Cercle
Cilindro	Cilindre
Cono	Con
Cubo	Cub
Curva	Corba
Ellisse	El·lipse
Iperbole	Hipèrbola
Lato	Costat
Linea	Línia
Ovale	Oval
Piramide	Piràmide
Poligono	Polígon
Prisma	Prisma
Quadrato	Quadrat
Rettangolo	Rectangle
Sfera	Esfera
Triangolo	Triangle

Forza e Gravità
La Força i la Gravetat

Asse	Eix
Attrito	Fricció
Centro	Centre
Dinamico	Dinàmic
Distanza	Distància
Espansione	Expansió
Fisica	Física
Impatto	Impacte
Magnetismo	Magnetisme
Meccanica	Mecànica
Movimento	Moviment
Orbita	Òrbita
Peso	Pes
Pianeti	Planetes
Pressione	Pressió
Proprietà	Propietats
Scoperta	Descobriment
Tempo	Temps
Universale	Universal
Velocità	Velocitat

Frutta
Fruita

Albicocca	Albercoc
Ananas	Pinya
Arancia	Taronja
Avocado	Alvocat
Bacca	Baia
Banana	Plàtan
Ciliegia	Cirera
Kiwi	Kiwi
Lampone	Gerd
Limone	Llimona
Mango	Mango
Mela	Poma
Melone	Meló
Mora	Móra
Nettarina	Nectarina
Papaia	Papaia
Pera	Pera
Pesca	Préssec
Prugna	Pruna
Uva	Raïm

Geografia
Geografia

Altitudine	Altitud
Atlante	Atles
Città	Ciutat
Continente	Continent
Emisfero	Hemisferi
Fiume	Riu
Isola	Illa
Latitudine	Latitud
Longitudine	Longitud
Mappa	Mapa
Mare	Mar
Meridiano	Meridià
Mondo	Món
Montagna	Muntanya
Nord	Nord
Ovest	Oest
Paese	País
Regione	Regió
Sud	Sud
Territorio	Territori

Geologia
Geologia

Acido	Àcid
Altopiano	Altiplà
Calcio	Calci
Caverna	Caverna
Continente	Continent
Corallo	Coral
Cristalli	Cristalls
Erosione	Erosió
Fossile	Fòssil
Geyser	Guèiser
Lava	Lava
Minerali	Minerals
Pietra	Pedra
Quarzo	Quars
Sale	Sal
Stalagmiti	Estalagmites
Stalattite	Estalactita
Strato	Capa
Terremoto	Terratrèmol
Vulcano	Volcà

Geometria
Geometria

Altezza	Altura
Angolo	Angle
Calcolo	Càlcul
Cerchio	Cercle
Curva	Corba
Diametro	Diàmetre
Dimensione	Dimensió
Equazione	Equació
Logica	Lògica
Mediano	Mediana
Numero	Número
Orizzontale	Horitzontal
Parallelo	Paral·lel
Proporzione	Proporció
Segmento	Segment
Simmetria	Simetria
Superficie	Superfície
Teoria	Teoria
Triangolo	Triangle
Verticale	Vertical

Giardinaggio
Jardineria

Acqua	Aigua
Botanico	Botànic
Clima	Clima
Commestibile	Comestible
Compost	Compost
Contenitore	Contenidor
Esotico	Exòtic
Fiorire	Flor
Floreale	Floral
Foglia	Fulla
Fogliame	Fullatge
Frutteto	Hort
Mazzo	Ram
Semi	Llavors
Specie	Espècie
Sporco	Brutícia
Stagionale	Estacional
Suolo	Sòl
Tubo	Mànega
Umidità	Humitat

Giardino
Jardí

Albero	Arbre
Amaca	Hamaca
Cespuglio	Arbust
Erba	Herba
Erbacce	Males Herbes
Fiore	Flor
Frutteto	Hort
Garage	Garatge
Giardino	Jardí
Pala	Pala
Panca	Banc
Prato	Gespa
Rastrello	Rasclet
Recinto	Tanca
Stagno	Estany
Suolo	Sòl
Terrazza	Terrassa
Trampolino	Trampolí
Tubo	Mànega
Vite	Vinya

Giorni e Mesi
Dies i Mesos

Agosto	Agost
Anno	Any
Aprile	Abril
Calendario	Calendari
Dicembre	Desembre
Domenica	Diumenge
Febbraio	Febrer
Gennaio	Gener
Giugno	Juny
Luglio	Juliol
Lunedì	Dilluns
Martedì	Dimarts
Mercoledì	Dimecres
Mese	Mes
Novembre	Novembre
Ottobre	Octubre
Sabato	Dissabte
Settembre	Setembre
Settimana	Setmana
Venerdì	Divendres

Governo
Govern

Capo	Líder
Cittadinanza	Ciutadania
Civile	Civil
Costituzione	Constitució
Democrazia	Democràcia
Discorso	Discurs
Discussione	Discussió
Giudiziario	Judicial
Giustizia	Justícia
Indipendenza	Independència
Legge	Llei
Libertà	Llibertat
Monumento	Monument
Nazionale	Nacional
Nazione	Nació
Politica	Política
Quartiere	Districte
Simbolo	Símbol
Stato	Estat
Uguaglianza	Igualtat

Guida
Conducció

Auto	Cotxe
Autobus	Autobús
Carburante	Combustible
Freni	Frens
Garage	Garatge
Gas	Gas
Incidente	Accident
Licenza	Llicència
Mappa	Mapa
Moto	Moto
Motore	Motor
Pedonale	Vianant
Pericolo	Perill
Polizia	Policia
Sicurezza	Seguretat
Strada	Carretera
Traffico	Trànsit
Trasporto	Transport
Tunnel	Túnel
Velocità	Velocitat

I Media
Els Mitjans de Comunicac

Atteggiamenti	Actituds
Commerciale	Comercial
Comunicazione	Comunicació
Digitale	Digital
Edizione	Edició
Educazione	Educació
Fatti	Fets
Finanziamento	Finançament
Foto	Fotografies
Giornali	Diaris
Individuale	Individual
Industria	Indústria
Intellettuale	Intel·lectual
Locale	Local
Online	En Línia
Opinione	Opinió
Pubblico	Públic
Radio	Ràdio
Rete	Xarxa
Televisione	Televisió

Imbarcazioni
Vaixells

Albero	Pal
Ancora	Àncora
Barca a Vela	Veler
Boa	Boia
Canoa	Canoa
Corda	Corda
Equipaggio	Tripulació
Fiume	Riu
Kayak	Caiac
Lago	Llac
Mare	Mar
Marea	Marea
Marinaio	Mariner
Motore	Motor
Nautico	Nàutic
Oceano	Oceà
Onde	Ones
Traghetto	Ferri
Yacht	Iot
Zattera	Bassa

Ingegneria
Enginyeria

Angolo	Angle
Asse	Eix
Calcolo	Càlcul
Costruzione	Construcció
Diagramma	Diagrama
Diametro	Diàmetre
Diesel	Dièsel
Distribuzione	Distribució
Energia	Energia
Forza	Força
Ingranaggi	Engranatges
Liquido	Líquid
Macchina	Màquina
Misurazione	Mesurament
Motore	Motor
Profondità	Profunditat
Propulsione	Propulsió
Rotazione	Rotació
Stabilità	Estabilitat
Struttura	Estructura

Jazz
Jazz

Album	Àlbum
Applauso	Aplaudiments
Artista	Artista
Canzone	Cançó
Compositore	Compositor
Composizione	Composició
Concerto	Concert
Enfasi	Èmfasi
Famoso	Famós
Genere	Gènere
Improvvisazione	Improvisació
Musica	Música
Nuovo	Nou
Orchestra	Orquestra
Preferiti	Favorits
Ritmo	Ritme
Stile	Estil
Talento	Talent
Tecnica	Tècnica
Vecchio	Vell

L'Azienda
La Companyia

Creativo	Creatiu
Decisione	Decisió
Globale	Global
Industria	Indústria
Innovativo	Innovador
Investimento	Inversió
Occupazione	Ocupació
Possibilità	Possibilitat
Presentazione	Presentació
Prodotto	Producte
Professionale	Professional
Progresso	Progrés
Qualità	Qualitat
Reddito	Ingressos
Reputazione	Reputació
Rischi	Riscos
Risorse	Recursos
Salari	Salaris
Tendenze	Tendències
Unità	Unitats

Letteratura
Literatura

Analisi	Anàlisi
Analogia	Analogia
Aneddoto	Anècdota
Autore	Autor
Biografia	Biografia
Conclusione	Conclusió
Confronto	Comparació
Descrizione	Descripció
Dialogo	Diàleg
Genere	Gènere
Metafora	Metàfora
Opinione	Opinió
Poesia	Poema
Poetico	Poètic
Rima	Rima
Ritmo	Ritme
Romanzo	Novel·la
Stile	Estil
Tema	Tema
Tragedia	Tragèdia

Libri
Llibres

Autore	Autor
Avventura	Aventura
Collezione	Col·lecció
Contesto	Context
Dualità	Dualitat
Epico	Èpica
Inventivo	Inventiva
Letterario	Literari
Lettore	Lector
Narratore	Narrador
Pagina	Pàgina
Poesia	Poesia
Rilevante	Rellevant
Romanzo	Novel·la
Scritto	Escrit
Serie	Sèrie
Storia	Història
Storico	Històric
Tragico	Tràgic
Umoristico	Humorístic

Malattia
Malaltia

Acuto	Agut
Addominale	Abdominal
Allergie	Al·lèrgies
Benessere	Benestar
Contagioso	Contagiós
Corpo	Cos
Cronico	Crònica
Cuore	Cor
Debole	Dèbil
Ereditario	Hereditari
Genetico	Genètica
Immunità	Immunitat
Infiammazione	Inflamació
Lombare	Lumbar
Neuropatia	Neuropatia
Polmonare	Pulmonar
Respiratorio	Respiratori
Salute	Salut
Sindrome	Síndrome
Terapia	Teràpia

Mammiferi
Els Mamífers

Balena	Balena
Cane	Gos
Canguro	Cangur
Cavallo	Cavall
Cervo	Cérvol
Coniglio	Conill
Coyote	Coiot
Delfino	Dofí
Elefante	Elefant
Gatto	Gat
Giraffa	Girafa
Gorilla	Goril·la
Leone	Lleó
Lupo	Llop
Orso	Ós
Pecora	Ovella
Scimmia	Mico
Toro	Bou
Volpe	Guineu
Zebra	Zebra

Matematica
Matemàtiques

Angoli	Angles
Aritmetica	Aritmètica
Decimale	Decimal
Diametro	Diàmetre
Divisione	Divisió
Equazione	Equació
Esponente	Exponent
Frazione	Fracció
Geometria	Geometria
Parallelo	Paral·lel
Perimetro	Perímetre
Perpendicolare	Perpendicular
Poligono	Polígon
Quadrato	Quadrat
Raggio	Radi
Rettangolo	Rectangle
Simmetria	Simetria
Somma	Suma
Triangolo	Triangle
Volume	Volum

Meditazione
La Meditació

Accettazione	Acceptació
Attenzione	Atenció
Calma	Calma
Chiarezza	Claredat
Compassione	Compassió
Emozioni	Emocions
Gentilezza	Bondat
Gratitudine	Agraïment
Mentale	Mental
Mente	Ment
Movimento	Moviment
Musica	Música
Natura	Naturalesa
Osservazione	Observació
Pace	Pau
Pensieri	Pensaments
Postura	Postura
Prospettiva	Perspectiva
Respirazione	Respiració
Silenzio	Silenci

Misurazioni
Mesuraments

Altezza	Altura
Byte	Byte
Centimetro	Centímetre
Chilogrammo	Quilogram
Chilometro	Quilòmetre
Decimale	Decimal
Grado	Grau
Grammo	Gram
Larghezza	Amplada
Litro	Litre
Lunghezza	Llargada
Metro	Metre
Minuto	Minut
Oncia	Unça
Peso	Pes
Pinta	Pinta
Pollice	Polzada
Profondità	Profunditat
Tonnellata	Tona
Volume	Volum

Mitologia
Mitologia

Archetipo	Arquetip
Comportamento	Comportament
Creatura	Criatura
Creazione	Creació
Cultura	Cultura
Disastro	Desastre
Divinità	Deïtats
Eroe	Heroi
Forza	Força
Fulmine	Llamps
Gelosia	Gelosia
Guerriero	Guerrer
Immortalità	Immortalitat
Labirinto	Laberint
Leggenda	Llegenda
Magico	Màgic
Mortale	Mortal
Mostro	Monstre
Tuono	Tro
Vendetta	Venjança

Moda
La Moda

Abbigliamento	Roba
Boutique	Boutique
Caro	Car
Confortevole	Còmode
Elegante	Elegant
Minimalista	Minimalista
Modello	Patró
Moderno	Modern
Modesto	Modest
Originale	Original
Pizzo	Encaix
Pratico	Pràctic
Pulsanti	Botons
Ricamo	Brodat
Semplice	Senzill
Sofisticato	Sofisticat
Stile	Estil
Tendenza	Tendència
Tessuto	Teixit
Trama	Textura

Musica
Música

Album	Àlbum
Armonia	Harmonia
Armonico	Harmònic
Ballata	Balada
Cantante	Cantant
Cantare	Cantar
Classico	Clàssic
Coro	Cor
Lirico	Líric
Melodia	Melodia
Microfono	Micròfon
Musicale	Musical
Musicista	Músic
Opera	Òpera
Poetico	Poètic
Ritmico	Rítmic
Ritmo	Ritme
Strumento	Instrument
Tempo	Tempo
Vocale	Vocal

Natura
Naturalesa

Animali	Animals
Api	Abelles
Artico	Àrtic
Bellezza	Bellesa
Deserto	Desert
Dinamico	Dinàmic
Erosione	Erosió
Fiume	Riu
Fogliame	Fullatge
Foresta	Bosc
Ghiacciaio	Glacera
Montagne	Muntanyes
Nebbia	Boira
Nuvole	Núvols
Rifugio	Refugi
Santuario	Santuari
Selvaggio	Salvatge
Sereno	Serè
Tropicale	Tropical
Vitale	Vital

Numeri
Números

Cinque	Cinc
Decimale	Decimal
Diciannove	Dinou
Diciassette	Disset
Diciotto	Divuit
Dieci	Deu
Dodici	Dotze
Due	Dos
Nove	Nou
Otto	Vuit
Quattordici	Catorze
Quattro	Quatre
Quindici	Quinze
Sedici	Setze
Sei	Sis
Sette	Set
Tre	Tres
Tredici	Tretze
Venti	Vint
Zero	Zero

Nutrizione
La Nutrició

Amaro	Amarg
Appetito	Apetit
Bilanciato	Equilibrat
Calorie	Calories
Commestibile	Comestible
Dieta	Dieta
Digestione	Digestió
Fermentazione	Fermentació
Gusto	Sabor
Liquidi	Líquids
Nutriente	Nutrient
Peso	Pes
Proteine	Proteïnes
Qualità	Qualitat
Salsa	Salsa
Salute	Salut
Sano	Saludable
Spezie	Espècies
Tossina	Toxina
Vitamina	Vitamina

Oceano
Oceà

Anguilla	Anguila
Balena	Balena
Barca	Barca
Corallo	Coral
Delfino	Dofí
Gamberetto	Gamba
Granchio	Cranc
Maree	Marees
Medusa	Meduses
Onde	Ones
Ostrica	Ostra
Pesce	Peix
Polpo	Pop
Sale	Sal
Scogliera	Escull
Spugna	Esponja
Squalo	Tauró
Tartaruga	Tortuga
Tempesta	Tempesta
Tonno	Tonyina

Paesaggi
Paisatges

Cascata	Cascada
Collina	Turó
Deserto	Desert
Fiume	Riu
Geyser	Guèiser
Ghiacciaio	Glacera
Grotta	Cova
Iceberg	Iceberg
Isola	Illa
Lago	Llac
Mare	Mar
Montagna	Muntanya
Oasi	Oasi
Oceano	Oceà
Palude	Pantà
Penisola	Península
Spiaggia	Platja
Tundra	Tundra
Valle	Vall
Vulcano	Volcà

Paesi #1
Països #1

Italiano	Català
Brasile	Brasil
Cambogia	Cambodja
Canada	Canadà
Egitto	Egipte
Finlandia	Finlàndia
Germania	Alemanya
India	Índia
Iraq	Iraq
Israele	Israel
Libia	Líbia
Mali	Mali
Marocco	Marroc
Norvegia	Noruega
Panama	Panamà
Polonia	Polònia
Romania	Romania
Senegal	Senegal
Spagna	Espanya
Venezuela	Veneçuela
Vietnam	Vietnam

Paesi #2
Països #2

Italiano	Català
Albania	Albània
Danimarca	Dinamarca
Etiopia	Etiòpia
Giamaica	Jamaica
Giappone	Japó
Grecia	Grècia
Haiti	Haití
Indonesia	Indonèsia
Irlanda	Irlanda
Laos	Laos
Liberia	Libèria
Messico	Mèxic
Nepal	Nepal
Nigeria	Nigèria
Pakistan	Pakistan
Russia	Rússia
Siria	Síria
Sudan	Sudan
Ucraina	Ucraïna
Uganda	Uganda

Piante
Les Plantes

Italiano	Català
Albero	Arbre
Bacca	Baia
Bambù	Bambú
Botanica	Botànica
Cactus	Cactus
Cespuglio	Arbust
Crescere	Créixer
Edera	Heura
Erba	Herba
Fagiolo	Mongeta
Fertilizzante	Adob
Fiore	Flor
Flora	Flora
Fogliame	Fullatge
Foresta	Bosc
Giardino	Jardí
Muschio	Molsa
Petalo	Pètal
Radice	Arrel
Vegetazione	Vegetació

Professioni #1
Professions #1

Italiano	Català
Allenatore	Entrenador
Ambasciatore	Ambaixador
Artista	Artista
Astronomo	Astrònom
Avvocato	Advocat
Ballerino	Ballarina
Banchiere	Banquer
Cacciatore	Caçador
Cartografo	Cartògraf
Editore	Editor
Farmacista	Farmacèutic
Geologo	Geòleg
Gioielliere	Joier
Idraulico	Lampista
Infermiera	Infermera
Musicista	Músic
Pianista	Pianista
Psicologo	Psicòleg
Scienziato	Científic
Veterinario	Veterinari

Professioni #2
Professions #2

Italiano	Català
Astronauta	Astronauta
Bibliotecario	Bibliotecari
Biologo	Biòleg
Chirurgo	Cirurgià
Dentista	Dentista
Detective	Detectiu
Filosofo	Filòsof
Fotografo	Fotògraf
Giardiniere	Jardiner
Giornalista	Periodista
Illustratore	Il·lustrador
Ingegnere	Enginyer
Insegnante	Professor
Inventore	Inventor
Linguista	Lingüista
Medico	Metge
Pilota	Pilot
Pittore	Pintor
Ricercatore	Investigador
Zoologo	Zoòleg

Psicologia
Psicologia

Italiano	Català
Appuntamento	Cita
Clinico	Clínic
Cognizione	Cognició
Comportamento	Comportament
Conflitto	Conflicte
Ego	Ego
Emozioni	Emocions
Esperienze	Experiències
Idee	Idees
Inconscio	Inconscient
Infanzia	Infantesa
Pensieri	Pensaments
Percezione	Percepció
Personalità	Personalitat
Problema	Problema
Realtà	Realitat
Sensazione	Sensació
Subconscio	Subconscient
Terapia	Teràpia
Valutazione	Avaluació

Riscaldamento Globale
L'Escalfament Global

Italiano	Català
Ambientale	Ambiental
Artico	Àrtic
Attenzione	Atenció
Clima	Clima
Conseguenze	Conseqüències
Crisi	Crisi
Dati	Dades
Energia	Energia
Futuro	Futur
Gas	Gas
Generazioni	Generacions
Governo	Govern
Habitat	Hàbitats
Industria	Indústria
Internazionale	Internacional
Legislazione	Legislació
Ora	Ara
Popolazioni	Poblacions
Scienziato	Científic
Temperature	Temperatures

Ristorante #2
Restaurant #2

Italiano	Català
Acqua	Aigua
Aperitivo	Aperitiu
Bevanda	Beguda
Cameriere	Cambrer
Cena	Sopar
Cucchiaio	Cullera
Delizioso	Deliciós
Forchetta	Forquilla
Frutta	Fruita
Ghiaccio	Gel
Insalata	Amanida
Minestra	Sopa
Pesce	Peix
Pranzo	Dinar
Sale	Sal
Sedia	Cadira
Spezie	Espècies
Torta	Pastís
Uova	Ous
Verdure	Verdures

Salute e Benessere #1
La Salut i el Benestar #1

Italiano	Català
Abitudine	Hàbit
Altezza	Altura
Attivo	Actiu
Batteri	Bacteris
Clinica	Clínica
Fame	Fam
Farmacia	Farmàcia
Frattura	Fractura
Medicina	Medicina
Medico	Metge
Muscoli	Músculs
Nervi	Nervis
Ormoni	Hormones
Pelle	Pell
Postura	Postura
Riflesso	Reflex
Rilassamento	Relaxació
Terapia	Teràpia
Trattamento	Tractament
Virus	Virus

Salute e Benessere #2
La Salut i el Benestar #2

Italiano	Català
Allergia	Al·lèrgia
Anatomia	Anatomia
Appetito	Apetit
Caloria	Calories
Corpo	Cos
Dieta	Dieta
Digestione	Digestió
Disidratazione	Deshidratació
Energia	Energia
Genetica	Genètica
Igiene	Higiene
Infezione	Infecció
Malattia	Malaltia
Massaggio	Massatge
Nutrizione	Nutrició
Ospedale	Hospital
Peso	Pes
Sangue	Sang
Sano	Saludable
Vitamina	Vitamina

Scienza
Ciència

Italiano	Català
Atomo	Àtom
Chimico	Químic
Clima	Clima
Dati	Dades
Esperimento	Experiment
Evoluzione	Evolució
Fatto	Fet
Fisica	Física
Fossile	Fòssil
Gravità	Gravetat
Ipotesi	Hipòtesi
Laboratorio	Laboratori
Metodo	Mètode
Minerali	Minerals
Molecole	Molècules
Natura	Naturalesa
Organismo	Organisme
Osservazione	Observació
Particelle	Partícules
Scienziato	Científic

Spezie
Espècies

Italiano	Català
Aglio	All
Amaro	Amarg
Anice	Anís
Cannella	Canyella
Cardamomo	Cardamom
Cipolla	Ceba
Coriandolo	Coriandre
Cumino	Comí
Curcuma	Cúrcuma
Curry	Curri
Dolce	Dolç
Finocchio	Fonoll
Liquirizia	Regalèssia
Noce Moscata	Nou Moscada
Paprika	Pebre Vermell
Pepe	Pebre
Sale	Sal
Vaniglia	Vainilla
Zafferano	Safrà
Zenzero	Gingebre

Sport
Esport

Allenatore	Entrenador
Atleta	Atleta
Capacità	Capacitat
Ciclismo	Ciclisme
Corpo	Cos
Danza	Ball
Dieta	Dieta
Forza	Força
Jogging	Córrer
Massimizzare	Maximitzar
Metabolico	Metabòlic
Muscoli	Músculs
Nuotare	Nedar
Nutrizione	Nutrició
Obiettivo	Objectiu
Ossa	Ossos
Programma	Programa
Resistenza	Resistència
Salute	Salut
Sportivo	Esports

Strumenti Musicali
Instruments Musicals

Armonica	Harmònica
Arpa	Arpa
Banjo	Banjo
Chitarra	Guitarra
Clarinetto	Clarinet
Fagotto	Fagot
Flauto	Flauta
Gong	Gong
Mandolino	Mandolina
Marimba	Marimba
Oboe	Oboè
Percussione	Percussió
Pianoforte	Piano
Sassofono	Saxofon
Tamburello	Pandereta
Tamburo	Tambor
Tromba	Trompeta
Trombone	Trombó
Violino	Violí
Violoncello	Violoncel

Tempo
Temps

Anno	Any
Annuale	Anual
Calendario	Calendari
Decennio	Dècada
Dopo	Després
Futuro	Futur
Giorno	Dia
Ieri	Ahir
Mattina	Matí
Mese	Mes
Mezzogiorno	Migdia
Minuto	Minut
Notte	Nit
Oggi	Avui
Ora	Hora
Orologio	Rellotge
Presto	Aviat
Prima	Abans
Secolo	Segle
Settimana	Setmana

Tipi di Capelli
Tipus de Cabell

Argento	Plata
Asciutto	Sec
Bianco	Blanc
Biondo	Ros
Breve	Curt
Calvo	Calb
Colorato	Color
Grigio	Gris
Intrecciato	Trenat
Liscio	Llis
Lungo	Llarg
Marrone	Marró
Morbido	Suau
Nero	Negre
Riccio	Arrissat
Riccioli	Rínxols
Sano	Saludable
Sottile	Prim
Spessore	Gruix
Trecce	Trenes

Uccelli
Ocells

Airone	Agró
Anatra	Ànec
Aquila	Àguila
Cicogna	Cigonya
Cigno	Cigne
Cuculo	Cucut
Falco	Falcó
Fenicottero	Flamenc
Gabbiano	Gavina
Oca	Oca
Pappagallo	Lloro
Passero	Pardal
Pavone	Paó
Pellicano	Pelicà
Piccione	Colom
Pinguino	Pingüí
Pollo	Pollastre
Struzzo	Estruç
Tucano	Tucà
Uovo	Ou

Universo
Univers

Asteroide	Asteroide
Astronomia	Astronomia
Astronomo	Astrònom
Atmosfera	Ambient
Buio	Foscor
Celeste	Celestial
Cielo	Cel
Cosmico	Còsmic
Emisfero	Hemisferi
Galassia	Galàxia
Latitudine	Latitud
Longitudine	Longitud
Luna	Lluna
Orbita	Òrbita
Orizzonte	Horitzó
Solare	Solar
Solstizio	Solstici
Telescopio	Telescopi
Visibile	Visible
Zodiaco	Zodíac

Vacanze #2
Vacances #2

Aeroporto	Aeroport
Campeggio	Càmping
Destinazione	Destinació
Foto	Fotografies
Hotel	Hotel
Isola	Illa
Mappa	Mapa
Mare	Mar
Passaporto	Passaport
Ristorante	Restaurant
Spiaggia	Platja
Straniero	Estranger
Taxi	Taxi
Tempo Libero	Oci
Tenda	Tenda
Trasporto	Transport
Treno	Tren
Vacanza	Vacances
Viaggio	Viatge
Visto	Visat

Veicoli
Vehicles

Aereo	Avió
Ambulanza	Ambulància
Auto	Cotxe
Autobus	Autobús
Barca	Barca
Bicicletta	Bicicleta
Camion	Camió
Caravan	Caravana
Elicottero	Helicòpter
Metropolitana	Metro
Motore	Motor
Pneumatici	Pneumàtics
Razzo	Coet
Scooter	Scooter
Sottomarino	Submarí
Taxi	Taxi
Traghetto	Ferri
Trattore	Tractor
Treno	Tren
Zattera	Bassa

Verdure
Verdures

Aglio	All
Broccolo	Bròquil
Carciofo	Carxofa
Carota	Pastanaga
Cetriolo	Cogombre
Cipolla	Ceba
Fungo	Bolet
Insalata	Amanida
Melanzana	Albergínia
Patata	Patata
Pisello	Pèsol
Pomodoro	Tomàquet
Prezzemolo	Julivert
Rapa	Nap
Ravanello	Rave
Scalogno	Escalunya
Sedano	Api
Spinaci	Espinacs
Zenzero	Gingebre
Zucca	Carbassa

Vestiti
Roba

Abito	Vestit
Braccialetto	Polsera
Camicetta	Brusa
Camicia	Camisa
Cappello	Barret
Cappotto	Abric
Cintura	Cinturó
Collana	Collaret
Giacca	Jaqueta
Gonna	Faldilla
Grembiule	Davantal
Guanti	Guants
Jeans	Texans
Maglione	Suèter
Moda	Moda
Pantaloni	Pantalons
Pigiama	Pijama
Sandali	Sandàlies
Scarpa	Sabata
Sciarpa	Bufanda

Congratulazioni

Ce l'hai fatta!

Speriamo che questo libro vi sia piaciuto tanto quanto a noi è piaciuto concepirlo. Ci sforziamo di creare libri della più alta qualità possibile.
Questa edizione è progettata per fornire un apprendimento intelligente, di qualità e divertente!

Le è piaciuto questo libro?

Una Semplice Richiesta

Questi libri esistono grazie alle recensioni che pubblicate.

Puoi aiutarci lasciando una recensione
ora a questo link ?

BestBooksActivity.com/Recensioni50

SFIDA FINALE!

Sfida n°1

Sei pronto per il tuo gioco gratuito? Li usiamo sempre, ma non sono così facili da trovare - ecco i **Sinonimi!**

Scrivi 5 parole che hai trovato nei puzzle (n° 21, n° 36, n° 76) e prova a trovare 2 sinonimi per ogni parola.

Scrivi 5 parole del **Puzzle 21**

Parole	Sinonimo 1	Sinonimo 2

Scrivi 5 parole del **Puzzle 36**

Parole	Sinonimo 1	Sinonimo 2

Scrivi 5 parole del **Puzzle 76**

Parole	Sinonimo 1	Sinonimo 2

Sfida n°2

Ora che ti sei riscaldato, scrivi 5 parole che hai trovato nei puzzle n° 9, n° 17 e n° 25 e cerca di trovare 2 contrari per ogni parola. Quanti ne puoi trovare in 20 minuti?

Scrivi 5 parole del **Puzzle 9**

Parole	Antonimo 1	Antonimo 2

Scrivi 5 parole del **Puzzle 17**

Parole	Antonimo 1	Antonimo 2

Scrivi 5 parole del **Puzzle 25**

Parole	Antonimo 1	Antonimo 2

Sfida n°3

Grande! Questa sfida non è niente per te!

Pronto per la sfida finale? Scegli 10 parole che hai scoperto nei diversi puzzle e scrivile qui sotto.

1.	6.
2.	7.
3.	8.
4.	9.
5.	10.

Ora scrivi un testo pensando a una persona, un animale o un luogo che ti piace.

Puoi usare l'ultima pagina di questo libro come bozza.

La tua composizione:

TACCUINO:

A PRESTO!

Tutta la Squadra